朝向心灵
伟大的教师

丛书总主编 余慧娟

本册主编 冀晓萍

华东师范大学出版社
ECNUP
全国百佳图书出版单位
人民教育

目　录

总序　办伟大的学校，做伟大的校长和教师　/ 001

序　技艺之上是道德与精神　/ 007

第一辑　孩子是伟大教师的启蒙者

儿童文学作家杨红樱："孩子离真相最近"　/ 003

好妈妈尹建莉：发现教育的真相　/ 010

李希贵：不让一个个孩子消失在概念中　/ 014

叶澜：教育要先读懂"人"　/ 019

"知心姐姐"卢勤话"知心"　/ 024

曹文轩：我喜欢用孩子的眼光看世界　/ 031

金近：儿童文学作家，应当是一个教育家　/ 039

第二辑　把教育当作兴趣事

马云：一个"差生"的成长记录　/ 047

看到心灵伟大的教师和值得崇拜的孩子　/ 053

钟秉林：把教育当作兴趣事　/ 060

朝拜母语教育的圣殿　/ 065

严歌苓：要抛弃杂念才能真正掌控文字　/ 071

苏童：有没有"读好"，对能不能"写好"影响巨大　/ 073

迟子建：培养学生独立思考能力，是对他们最大的爱护　/ 077

阅读，最幸福的生活方式　/ 081

第三辑　每一个苦难都是向上的台阶

每个困难都是向上的台阶　/ 091

叶嘉莹：最穷苦的时候想到的是《论语》/ 104

梅汝璈：忘记过去的苦难可能招致未来的灾祸　/ 108

成功是一条少有人走的路　/ 113

音乐点亮人生　/ 119

欧阳中石先生的学校情结　/ 126

崔晓东：从传统内部找到通往现代之路　/ 131

第四辑　给学生带得走的美好

西川：教学生做当代人　/ 139

楼宇烈：现代人不应抛弃自然合理的思维方式　/ 144

马未都说教育　/ 149

王笃年：科学界派往课堂的代表　/ 157

真正的科学家：师昌绪　/ 167

斯霞：给学生带得走的美好　/ 174

为师如"顾"　/ 180

我的导师于漪先生　/ 184

做中华文化的燃灯人　/ 188

篆刻艺术家骆芃芃：给孩子心田种下"中国人"的种子　/ 198

朱永新：着眼于"最好"，着手于"可行"　/ 205

欧阳江河：为"诗"与为"师"　/ 210

总序　办伟大的学校，做伟大的校长和教师

翟　博

　　《人民教育》编辑部应华东师范大学出版社之邀，出版这套丛书，可喜可贺。

　　创刊于 1950 年的《人民教育》杂志，积聚了深厚的历史财富、广博的教育资源、深远的影响力和良好的公信力，被读者亲切地誉为"中国基础教育第一刊"。近几年来，《人民教育》杂志围绕中心，服务大局，坚持"方向性引领、专业化服务"宗旨，着力引领读者深入探讨中国基础教育改革发展的一系列重大课题，并在理论和实践层面作出回应，获得读者高度认可。其中，既有对教育现代化、立德树人、教育公平、教育质量观等重大理论问题的思考，也有校长领导力提升、学校办学的新经验，还有教师发展的新思路，更有最前沿的学习方式的引介，上接天线，下接地气。从《人民教育》近几年发表的文章中，精选、分类结集成册，既充分发挥了文献的长远价值，便于读者系统阅读，也能够更好地扩大传播面。在当前转瞬即逝的刷屏式海量、碎片阅读背景下，高水平的专业文章更能够帮助读者聚焦关注点，提高阅读的获得感，提升专业水平。

　　具体而言，《人民教育》精品文丛具有如下特点。

　　第一，丛书立足于新时代中国基础教育的历史使命，对重大教育课题和重点难点问题给出了丰富且可资借鉴的回答，是引领、推动中国基础教育发展的珍贵文献。

　　党的十八大以来，以习近平同志为核心的党中央高瞻远瞩，提出了一系列重要的教育思想和教育论断，为新时代基础教育发展指明了方向。党的

十八大报告首次提出，把立德树人作为教育的根本任务。习近平总书记多次强调，要全面贯彻落实党的教育方针，培养德、智、体、美、劳全面发展的社会主义建设者和接班人；要处理好德与才的关系，解决好德与才相统一的问题；要让学生做到明大德、守公德、严私德；要把立德树人的成效作为检验学校一切工作的根本标准。深刻领会立德树人的丰富内涵，认真探索立德树人的实践路径，深入研究立德树人的理论，是新时代给基础教育提出的重大课题。

在这一背景下，基础教育需要切实承担起一系列重大使命。要把社会主义核心价值观教育融入教育全过程，放在更加突出的位置加以落实，引领学生树立正确的历史观、民族观、国家观、文化观。要植根于中华优秀传统文化的土壤，培育文化自信和中国精神，把中华优秀传统文化融入课堂教学和学校教育全过程，在创造性转化、创新性发展中传承中国人的文化基因。要大力发展素质教育，树立德、智、体、美、劳全面发展的质量观。要重新思考、践行好学校、好校长、好老师的标准。坚持育人为本，转变教育思想观念，认真落实习近平总书记提出的"四有"好老师的要求，进一步提升校长和教师的专业素质。从单纯以学科考试分数为主要评价指标转到全面发展的理念上来；从关注少数尖子生的发展转到关注每一个孩子的发展上来；从过于强调统一步调转到更多关注个性发展上来。

《人民教育》精品文丛，正是站在基础教育改革发展的最前沿，围绕以上重大课题、重要使命，组织国内顶尖专家、优秀校长教师，提供前沿思想理念和脚踏实地的解决方案。《新时代学校使命》一书，由社评和《人民教育》核心议题的前言构成，高度凝练了对当前教育问题的思考，包括教育自信、教育质量观、核心价值观教育、美育、教育活力，等等。《身体教育学》一书，力图借助"身体教育学"这个最新概念，以整体的观念来推动全面发展。《核心素养的中国实践》一书，期待带动整个基础教育质量观的变化，以适应未来对人才和教育的要求。《名校的那些"秘密"》一书，以活生生的案例来展示学校社会主义核心价值观教育、培养文化自信、落实立德树人根本任务的管理、课程、空间设计等诸多实践路径。《还可以怎样学习》一书，聚焦近年来学生发展素养目标的变化，以全球视野介绍更广阔、更多样、更有效的学习方式。《"好校长"是怎样炼成的》一书，专注于校长的价值领导力、课程领导力、教师领导力和沟通领导力等核心要素的实践解读。《老师，你为什么不再进步了》一书，关注教师的成长与高原期突破。《朝向心灵伟大的教师》一书，汇集教育界、文化界及商界名人的成长故事和教育故事，力图为校长教师打开新的窗口，从社会的角度来看教育。

第二，丛书集中展现了中国教育实践经验与智慧，引导读者建立和提升教育自信。

中国教育质量迅速提升的一个重要秘密，就是中小学的每一堂课，都在努力体现国家战略、国家意志，国家顶层设计与一线微观实践高度融通呼应。

对美好生活的渴望，对美好教育的热烈追求，是中国教育成功的重要动力。纵观中国基础教育改革开放40年来的历程，对美好教育的追求，成为教育发展、教育工作者改革创造的重要驱动力。这套丛书中提炼的好学校、好校长、好教师的改革经验，无不是在回应广大人民群众对美好教育的殷切期盼。

与时代潮流合拍，创造高品质的教育，是教育改革的重要经验。近年来，中小学涌现了一大批好校长、好教师，就在于他们敏锐地抓住了时代发展的脉搏，大力提升自己的政治素养，养成法治思维，涵养博大的精神世界，从宏观上保障了教育教学改革的正确方向。同时，近年来中国基础教育改革的一个关键突破点，是从主要关注教学方式层面的改进转向学校整体层面的变革，体现了与新时代精神的密切呼应。

从这套丛书中还可以看到如国家认同教育、核心价值观教育、优秀传统文化教育、学校文化、课程构建与优化、选课走班制度等方面的具体操作经验。这些都是我们的中小学扎根中国大地实实在在干出来的智慧结晶，是中国基础教育之所以卓越的重要因素，也是我们教育自信的来源，值得学校校长、教师认真研读、借鉴。

第三，丛书呼吁教育工作者乘着新时代的东风，办伟大的学校，做伟大的校长和教师。

伟大的学校，不是仅仅为升学服务的学校，而是要为学生未来创造美好生活的学校。美好生活，不仅意味着谋生就业能力，也意味着正确的价值观，丰富的精神世界，厚重的家国情怀，强烈的社会责任感，健康的自我调节能力，和谐的人际交往能力。伟大的学校，也不仅仅是学生成长的乐园，还应该是教师的人生幸福所在。教师的幸福与学生的发展密切相关。只有当教师从心底里认同教师职业，才能真正参与到学生的成长之中，也才能获得自身职业价值的实现，收获作为教师的幸福。伟大的学校，善于激发教师的职业热情，帮助教师获得成就感。这也是《名校的那些"秘密"》等书揭示的秘密所在。

伟大的校长，其领导力不仅体现在过硬的政治素质、坚持正确的办学方向上，还体现为优良的道德品质，更要有教育的定力，"习惯于择高处立，寻平处坐，向宽处行，务实，求稳，但内心却向往教育的理想，一切为了民族的未来"。伟大的校长，是善于成就教师的校长。李烈感言："当我哪一天不再做校长时，如果老师们在背后这样说：'李烈当校长的时候，我们是真的在快乐地工作着'，那就是对我最高的褒奖了。"伟大的校长还应是优秀的学习者，善于在繁忙的事务间隙，终身学习，反思完善。在工作中，伟大与平庸的区别往往在于能否不断注入生命的激情，能否不断发现心灵伟大的教师和存在无限发展潜能的孩子。

伟大的教师，首先是一个精神灿烂的人。教师是深度参与学生精神生活的引领者。无论是做"四有"好老师，还是做好"引路人"，教师自身的精神修养是前提，这包括坚定的理想信念、崇高的道德修养、对丰富个性的包容、对人的发展性的充分认识、传递正能量的意识和能力、沟通的艺术、自我情绪管理，等等。善于发现美是他们共同的特质。他们还是一群积极回应环境的人，能够敏锐地发现新问题，通过学习、思考、行动来调整自己，跟着时代一同进步。这些伟大教师的特质,读者可以从《老师，你为什么不再进步了》《朝向心灵伟大的教师》等书中充分感受。

中国社会正处在全面深化改革、实现中华民族伟大复兴中国梦的进程中，社会转型、技术变革等都给基础教育提出了严峻挑战，教育工作者如何看待新情况、解决新问题，考验着我们队伍的素质，更考验我们的学习能力。2013年，习近平总书记在中央党校建校80周年庆祝大会暨2013年春季学期开学典礼上的讲话中指出，"要依靠学习走向未来""只有加强学习，才能增强工作的科学性、预见性、主动性，才能使领导和决策体现时代性、把握规律性、富于创造性"。愿读者在这套丛书中，能够充分感知新时代对我们提出的使命和要求，了解我国基础教育改革发展的基本脉络，把握学校办学的正确方向和科学规律，发展和培育伟大学校、伟大校长、伟大教师成长的"基因"，立志办伟大的学校，做伟大的校长和教师，为伟大的时代贡献自己的价值。

2018 年 7 月

（作者系中国教育报刊社党委书记、社长）

序　技艺之上是道德与精神

赖配根

"志不立，天下无可成之事。"

这里所说的"志"，不是简单地定下一个职业目标，而是超越庸常、世俗的"大志"。

有"大志"，为稻粱谋的"职业"才能转化为"事业"，进而升华为"志业"。

好老师的成长之路亦是如此。

用思想丰厚课堂的中学语文老师黄厚江说："我不止一次与学生说过，等黄老师走了，请你们记得在我的墓碑上刻下一句话：这里躺着一个热爱语文的人。"这不禁让人想起法国作家司汤达的墓志铭："米兰人亨利·贝尔安眠于此。他曾经生存、写作、恋爱。"

这是一位学科老师伟大的志向，把语文当作精神的圣殿，把语文教育当作生命意义的全部。

多年兢兢业业当好校长的沈茂德以作家刘墉的话激励自己："你可以一辈子不登山，但你心中一定要有座山，它使你总往高处爬，它使你总有个奋斗的方向，它使你任何一刻抬起头都能看到自己的希望。"他就这样带着敬畏之心，全身心地投入工作，不敢有丝毫懈怠，朝向心中的教育高山攀登。

有了这样的志向，有了心中的"人生高山"，就没有什么困难可以阻挡一个人，包括教师走向卓越。

如今叱咤风云的马云，当年高考落榜，去蹬三轮挣钱，不承想在火车站捡到一本路遥的《人生》，读罢，为书中的主人公高加林的坚强所感动，决定重新参加高考。他的命运由此改变。

以语文教育为志业的黄厚江，谈起自己的职业生涯时说："从1980年走进语文课堂起，我从未停止过自己的修炼。我常常晚上和学生一起上晚自习，读书写作，提高自己的专业素养；我读刊大读函大，弥补自己没有真正进过大学的缺陷；为了填补古诗文素养的匮乏，星期天我在学校附近的田野里诵读《离骚》，背诵'大江东去'……"临近退休，他还一遍一遍地读《论语》……

年轻的沈茂德初为人师时，也有过类似的修炼：告别一切娱乐活动，利用一切业余时间读书学习、求教名家。

所有作出一流成绩的人莫不如此。

著名作家苏童有一个观点：有没有"读好"，对能不能"写好"的影响是巨大的。"如果只是普通的文学爱好者，怎样阅读都无可厚非。但如果希望通过阅读对写作有一定的益处，系统合理地读书就显得格外重要了。""每一个初涉写作的人都要耐着性子大量地阅读伟大作品，珍视每一个与伟大作家精神相通的机会。那些让自己记忆深刻的作家作品会影响自己一生的写作。"

为什么有"大志"的人才能作出大的业绩？

每一门职业都需要技艺，但技艺之上是道德、精神。一流的技艺需要一流的道德为基石。

著名的中国古典文学专家叶嘉莹先生说："一个伟大的作者是用生命来写作作品的，是用生活来实践作品的。诗的高下优劣，就看诗人思想品格修养志意的高下优劣。教古诗词，最该教给小孩子的就是，诗歌里诗人的美好心灵和品格。"

国学大家楼宇烈倡导"以道统艺，由艺臻道"。比如唱曲，"不是为别人唱，而是为自己唱，并不是去比较唱得好不好。从本质上讲，不是为了表演，是为了陶冶心情，是自我修养过程中的一个环节""现在很多人把艺术当作一种资本去追名逐利，从根本上违背了艺术自身的本质"。

正是在对"道"的不懈追求中，才成就惊人的技艺。

问题是，一个人的"大志"从何而来？

古今中外的贤哲们已经昭示，只有把有限的个体向更广大的精神世界敞开乃至融入其中，一个人的生命意义才会敞亮，乃至长存。

东京大审判中的中国大法官梅汝璈之所以在艰难的困局中为国家争得了

尊严，就是因为他虽然是一名学者，但有强烈的家国情怀。他曾赴美留学，并游历英、法、德、苏等国，回国后，他选择到山西大学任教，后来辗转多所大学。他常常用"耻不如人"勉励学生："清华大学和山西大学都是外国人利用中国的'庚子赔款'兴办的，其用意在于培养崇洋的人。因此我们必须'明耻'，耻中国的科技文化不如西方国家，耻我们的大学现在还不如西方的大学，我们要发奋图强以雪耻。"

著名科学家师昌绪说："我们这代人为什么爱国情结根深蒂固，因为中国受国外欺辱太深。我想，每个人都有自己的梦，但我们应该有一个共同的梦，就是'中国强'。我的梦想就是祖国的强盛！"

中学数学老师张思明之所以在业界知名，一个关键因素，就是他不是为自己而教，而是为中华之崛起而教。他说："如果说以前的我努力地学习与工作是希望得到别人的承认，那么留日回来的我对自己有了一个更高的要求和追求，现在所做的一切努力，就是为了尽早地完成让我们的民族、我们的国家、我们的学生'站起来'的历史使命。"

一个人怎样才能自觉融入这样的伟大精神洪流之中？

核心就是要热爱自己的国家，热爱自己的民族文化。上海复旦附中的语文老师黄荣华说得好："我有时在语文组开玩笑说：没有到过北京的人不能教语文，不知道杜甫身葬何处的人不能教语文。这句玩笑话的背后，其实是我对教育意义的一种思考与诠释。"

愿您翻开此书，遇见伟大的心灵，找到让您怦然心动的"志业"。

2018 年 7 月

（作者系《人民教育》副总编辑、编审）

第一辑

孩子是伟大教师的启蒙者

儿童文学作家杨红樱:"孩子离真相最近"

邢　星

采访一开始,杨红樱就先这样表明立场:"我小时候读到安徒生的童话《皇帝的新装》,感到震撼,直到现在仍然反复看。两个骗子骗了皇帝、大臣和围观的百姓,却被一个孩子揭穿了真相:'皇帝什么衣服也没穿呀。'所以后来我一直觉得,你骗不了孩子,孩子是离真相最近的。"

谈执教:"教育应该把人性关怀放在首位"

杨红樱当过语文老师,从小学一年级教到六年级。班里的孩子是一帮淘气包,"给我代课的老师没有哪个能招架得住"。但是这些"全校闻名"的淘气包,一到杨红樱的阅读课上都变得安安静静,这是怎么回事呢?

"我刚开始做语文老师的时候,满脑子想的就是:我怎么把课讲得精彩,能够让小朋友 40 分钟不捣蛋。于是我在班里作调查,让孩子们在语文课本里挑出自己喜欢的课文。直到现在我还记得,孩子们最喜欢《小蝌蚪找妈妈》《小公鸡和小鸭子》这种科学童话。可是这样的课文很少,那时候课外的儿童读物也很少,我就开始自己写,阅读课就给孩子们念我写的故事。"

杨红樱回忆起来:"有时候孩子们听得聚精会神,有人还流下眼泪,我就知道这一段写得特别到位。如果他们在下面交头接耳,做小动作,虽然这一段可能是我自己最得意的,但是马上就能知道孩子们不喜欢。我一开始写作,接受的就是这种直接的考验。为什么我对小孩子的阅读心理把握得这么好?就是因为有这段当语文老师的经历。"

当时有学生夸杨红樱的故事"写得跟书上一样好",杨红樱听了心里一动,开始整理这些科学童话,准备投稿。她一投即中,19 岁发表处女作

《穿救生衣的种子》，从此走上儿童文学之路，"并且一路走到现在"。

杨红樱说："我写得乐此不疲，沙漠、森林、海洋全都写了。到学生们六年级毕业的时候，我已经写了几百篇。今天能够在书店看到的'杨红樱科学童话'（8本），基本上都是我当年为我的学生们写的。"

"我一直是很有个性的人，我当老师也是一个非常有个性的老师。"杨红樱颇为自豪地说，轻快有力的声音里带着笑。

"学生喜欢的课文我就增加课时，思想、结构、表达……把所有的语文知识都放在这一篇课文里来完成。所以我觉得语文改革的第一步，首先要解决教材问题，在语言文字运用规范的基础上，多选一些孩子喜欢的课文。"杨红樱深有体会地说，"其实在孩子喜欢的文章中，我们能够更好地达到语文教学的目的。那么选语文教材的时候，我们为什么不尊重一下孩子的兴趣呢？对于孩子来说，兴趣格外重要，不管是阅读还是学习，如果所有的事情都能够在兴趣中完成，教学真的会省很多力气。"

杨红樱创作出很多经典的教师形象，她心目中的理想老师究竟是什么样子呢？

"我觉得学龄前和小学的老师，最看重的真的不应该是学习成绩，而是要保护孩子的个性，培养学生的性格。"杨红樱举例说明，"我当老师的时候，从来不向家长告状。每次见到家长，我说的都是'你的孩子对色彩的感觉特别好''你的孩子性格敏感善良'。我总能在孩子身上看到甚至他们家长都没有发现的东西，这就是孩子的个性。老师——尤其是幼儿园、小学阶段的老师，要根据孩子的个性健全他们的人格，这才是最重要的。"

杨红樱总结说："教育应该把人性关怀放在首位，这也是我所有作品一个基本的观点。"

谈育儿："把自主权给孩子"

生了女儿以后，杨红樱开始写《亲爱的笨笨猪》等性情童话，"初衷就是对女儿进行性情培养"。她十分看重这种教育，性情童话写了一个系列。但是对于女儿的学习成绩，杨红樱却总有些"漫不经心"。

"女儿小学六年级快毕业的时候，我第一次知道她在班上的排名。"杨红樱把这当作一件平常事在讲。

"马上就要毕业考试，老师在家长会上公布了班级排名，我不得不听。我女儿班级排名 18，而整个学校只有 7 个名额可以上重点中学。我就是在这么严峻的情况下，第一次知道女儿的成绩排名。这之前我从来不问，因为根本没把排名看得很重要。"杨红樱说完，甩出一串清脆的笑声。

开完家长会回到家，杨红樱心平气静地问女儿："全校 4 个毕业班只有 7 个重点名额，怎么办？"女儿有自己的想法："没事儿，我考不上重点就上离家最近的中学。"杨红樱也认同："离家最近的学校就是好学校，因为可以节约特别多时间去做你想做的事。"

当时补课风正劲，可是杨红樱和女儿心里打定了"不强求上重点"的主意，所以她从来不让女儿去上补习班。

"我是酷爱旅行的人。就在女儿毕业考试前的那个寒假，我还带她自驾游，一走就是十几天。回来开学后，她作业没写完，我就帮她去跟老师解释。"杨红樱笑声朗朗，继续说道，"结果，她毕业考试居然是全校第三名。这说明什么？她没有学习压力，始终保持着'我要学'的积极状态，所以在考试中恰恰得到了最好的发挥。"

可是这种超常的临场发挥会不会是偶然呢？杨红樱介绍说，从成都外国语学校入学考试、高中考试，到出国留学的托福考试、雅思考试，女儿都是"优哉游哉"但考得很好。

"因为这些都是她自己的选择，所以她对学习、对生活永远有热情。"杨红樱说，"其实我们把更多的自主权给孩子，让他自己对自己负责，教育效果可能会好很多。"

杨红樱说着，起身拿来一张卡片，骄傲地展示："这是女儿给我手工制作的生日卡，昨天刚寄来。上面一只小鹿是她，旁边一棵樱桃树是我，樱桃树上还有好多小樱桃，代表我的粉丝。我觉得她特别热爱生活，充分地享受每一天，所以她会花很多时间去做一份手工礼物，辛勤地打工挣钱交一堂芭蕾舞课的学费。"

现在，女儿业余担当杨红樱作品的英文翻译，是出版社在国内外数位翻译当中选择了她。

"她很有语言天赋，从小又是读着我的故事长大，我作品的那个'味道'

她把握得特别好。这些都不说，我非常欣赏她做事情的态度——认真，对每一件事情都认真。比如她在翻译的过程中，自己改了又改，再反反复复请母语是英语的人阅读把关。这样就已经非常好了吧？可她还不满意，最后又拿到英语国家孩子们中间去读，回来又作了很多调整。"

杨红樱话锋一转，强调说："很多媒体采访我：你希望女儿像你一样吗？其实，她上学、出国或者将来工作都是她自己在作决定，我从来没有操心过。因为我觉得，这是她的生活。"

谈写作："我是以老师和母亲的情怀在写作"

"我是一个老师，也是一个母亲。一个老师希望自己学生读到的东西，一定是好东西；一个母亲希望自己孩子读到的东西，一定是好东西。我是以老师和母亲的情怀在写作。"杨红樱说。

杨红樱的作品长时间畅销，也由此引发社会对"杨红樱现象"长时间的争议。曾经有作家当面向杨红樱感慨："小孩子都好骗，早知道童书这么好卖，我就做儿童文学作家了。"杨红樱却认为，写能够受到小孩子由衷喜爱的作品，其实是非常高难度的一种写作。

"小朋友最爱问我的问题是：《淘气包马小跳》里的家、学校跟我们的生活一模一样，就连马小跳心里想的都跟我们一样，你是怎么写得那么好看的？其实，我为孩子写的文字都非常考究，一个句子反反复复去推敲：不能太长，怕孩子读起来有障碍；尽量有节奏感，总要在吸引孩子阅读兴趣上下功夫——其实这是最难的。"杨红樱认真地说。

秉持着这样的写作追求，杨红樱至今已经出版童话、儿童小说 80 余种，几乎每部作品都经久畅销。

最早读"马小跳"的孩子都长大了，开始向杨红樱提要求："马小跳你要写到大学！"杨红樱却对自己的写作定位非常明确："每个人、每个作家志向不一样，我的志向可能比较低：只要我的书陪伴孩子走过童年的这段时光，能够给他们求知欲、想象力，给他们成长的力量，我的使命就算完成了。"

在签书会上，杨红樱看到个子高的小朋友都忍不住问上一句："你多大了？"如果读者已经不再是小学生，她会劝人家："不要再读我的书了，你可以去读其他的书了。"

为什么孩子们这么喜爱杨红樱的书?

杨红樱停顿下来,思考了一会儿:"我为孩子写作,我就永远忠诚于孩子。我从来不去想我的作品要得什么奖,只想着孩子爱不爱读我的书。有人以为孩子好骗,那是因为他们根本不了解孩子,孩子其实是最不好骗的。有个孩子写信告诉我:我们蒙上封面,读两三行字,就知道这本书是不是你写的,字里行间好像有一条暗暗的通道,你能通到我们这儿,我们能通到你那儿。"

这条联通着杨红樱和孩子们的通道究竟是什么?

"很简单,第一是故事性,就是故事好看;第二是人物形象具有艺术典型性,要鲜活。这就是孩子喜欢的,说起来非常简单,但是要真的写出来非常不容易。"杨红樱说。

杨红樱作品中的主人公往往不是大人心中的完美小孩,却深得孩子们喜爱,这是为什么?

杨红樱想了想,回答说:"其实我书中也写了榜样形象,但是孩子们不喜欢,因为他们身上没有'孩子味儿'。笨笨猪不聪明也不漂亮,马小跳有优点也有缺点,真实的孩子就应该是这样,成长的过程就应该是不断地犯错误、不断地改正错误。我希望所有的孩子跟笨笨猪和马小跳一起成长,希望孩子们找到成长的自信,这也正是文学作品的力量。"

谈阅读:"我们不能绑架儿童阅读"

"现在的儿童阅读有一个很大的误区,人们总觉得孩子喜欢的就是可乐和汉堡,是没有营养的、不好的东西;凡是好的、经典的东西,孩子都不喜欢。我觉得这种观点是错误的,他们真的太小看孩子了。"杨红樱态度鲜明地说起儿童阅读。

"我的作品最早出来的时候,有很多所谓的专家批判我,很多老师和家长受了影响,不让孩子读我的书。"杨红樱举例说明,"有一个小孩就是这样,家长逼他读专家推荐的书,结果这个孩子现在长大了,特别不爱读书。家长问他:'给你买了那么多书,你怎么还是不喜欢读书呢?'孩子却反问说：'我小时候喜欢读杨红樱的书，你怎么不让我读呢？'"

杨红樱很形象地继续阐述："童书就像玩具一样，孩子长大了自然不会再整天抱着玩具玩儿，但他会记得这个玩具给他小时候带来的快乐和温暖。儿童阅读应该是孩子最愉快的童年记忆，让孩子从中体会到阅读的乐趣，将来能够成为爱读书的人。"

"现在那些'暑期推荐书目''人生必读经典'，其实都属于'绑架阅读'，它给童年留不下任何的阅读记忆。"杨红樱痛心疾首地说，"有好多孩子悄悄地给我写信，说老师要求他们读的书他们根本读不下去。"

杨红樱小时候，也有过一段阅读名著的经历。

"我大概七八岁开始读《红楼梦》，它的写作背景、家族兴衰、人物纠葛都读不太懂，但是我非常喜欢它的细节描写，专挑里面吃喝玩乐的细节来看。比如贾母给黛玉换窗纱，用银红的霞影纱配窗外的绿竹，这种颜色的搭配我特别喜欢。

《水浒传》里招安的情节充满矛盾纠葛，我不喜欢，只看一百单八将每一个人物怎么出场。

《西游记》的想象力对我的影响最大，这部我读了全文。但是它里面包含的佛教文化精髓和人生哲理非常深刻，小时候你也读不懂。"

杨红樱深有感触地说："我一直觉得我的童年很美好，因为没有大人管我。如果家长和老师总来问我：你读懂了吗？我肯定说不出来，可能还会产生挫败感。我的家长也不像现在有些家长炫耀自己的孩子：我们孩子现在就读英文原著、世界名著了。我有这样一个自由的童年，所以直到现在，我是一个心灵很自由的人。"

"无论写作还是阅读，都是很个性的。"杨红樱强调说。

"我曾经在一个班级里作过调查，问孩子们：你们最喜欢我的哪一部作品？全班40多个小朋友，说出30多种不同的答案，即使答案相同，每个人喜欢的理由也不一样。阅读体验跟他们的个性、成长环境等一系列复杂的因素相关，所以，我们真的不能绑架儿童阅读。"

杨红樱反对绑架阅读，轻易不肯推荐阅读书目，即使推荐也要是"个性"的。

"前几天，我刚刚表扬了一个爸爸。他先告诉我女儿几岁，读几年级，什么样的性格，目前已经读过哪些书……这样，我就会非常具体地针对他的女儿推荐。"

杨红樱推荐阅读书目的标准是什么呢?

"最主要的是兴趣。因为我觉得，在孩子童年期，我们大人要做的最主要的事情就是保护和培养他们的兴趣。"杨红樱说得掷地有声。

孩子离这个世界的真相最近，罗曼·罗兰就曾经这样说过："谁要能看透孩子的生命，就能看到掩埋在阴影中的世界，看到正在组织中的星云，方在酝酿的宇宙。儿童的生命是无限的，它是一切……"

作者系《人民教育》记者

原载于《人民教育》2014 年 08 期

好妈妈尹建莉：发现教育的真相

冀晓萍

她凭借一本《好妈妈胜过好老师》，让许许多多的中国妈妈认识了她：尹建莉。

无数妈妈把这本书视为"育儿宝典"。

然而，她更希望每一个读者能透过这些文字看到背后的教育真相。

动动脑筋一定能找到更好的办法

上世纪 60 年代，尹建莉出生在一个健康、幸福的家庭，父母慈爱，滋润了她善良的天性。然而，他们在教育子女上也像其他家长一样犯了很多错误。

"小时候，我特别喜欢唱歌。但我们家孩子多，母亲嫌吵，每次都制止我们唱。慢慢地，我唱歌的兴趣就萎缩了，现在想唱却不会唱了。"

"我 6 周岁的时候特别想上学，但当时大家都是 7 周岁上学，父母不让我去。"

"那时候，粮食短缺，吃饭的时候盛多了，吃不了，他们要求我必须吃完。"
……

多年后，尹建莉依然能感受到"父母的不理解"带来的刺痛。童年的痛苦回忆，引发了她成人后的很多思考。

尹建莉说："我一定要给自己的孩子最大的关爱，决不去盲目地爱孩子。"

如果说这种意念的萌发还只是感性的，那么 12 年的教书经历以各种方式给了她很多教育的启示。

1984 年，20 岁出头的尹建莉成为一名中学教师。面对调皮捣蛋的中学生，她也曾模仿别的老教师去"打"学生。善良的尹建莉下不了狠手，只是拿书轻轻地拍一下学生的脑袋和肩膀。

"那时候，对比之下，还自以为很文明。但后来反思，觉得真的很恶劣。虽然没有给孩子造成身体上的伤害，但在精神上对孩子是一种羞辱。"30年后，尹建莉说起这件事，还深深地自责。

有的孩子上课说话，尹建莉罚他们到教室外站了一节课。内蒙古的春天很冷，第二天有个孩子感冒了。孩子妈妈来到学校，劈头盖脸地训了她一顿。

家长的责问，让她惭愧，也让她庆幸。她反思自己：孩子上课说话，肯定是有原因的，我为什么就不能换一种方式去了解、解决？

习惯性地沿用旧有的教育方法，看上去简便，却让尹建莉尝尽了苦涩。为了改变，她不停地反思用什么样的方法最能帮到学生，不停地琢磨、尝试、考虑。

"我做了12年教师，有12年的进步，甚至完成了别人20年的成长。"但在尹建莉的印象中，很多教师不是这样的，"有的教师是在把同一种工作经验重复12年。"

"有的老师天天骂学生，他也发现学生进步不了，但明天还是骂。"

"动动脑筋一定能找到更好的办法，一定能跟孩子学会很多。你对孩子的每一点关爱，都会收获孩子的回应。"

"有了尊重，互动才是有效的"

有人认为，带一个班比带一个孩子经验多。

尹建莉不赞同这种观点："天底下所有的孩子都是一样的，看到一个儿童完整的成长历程，就能看到所有的儿童。"

农民知道，春天播种，种子什么时候发芽，要经历多长时间才能结果，什么时候收获。所以，农民会耐心等待，不会拔苗助长。

"它4个月才能正常成熟，你要求它两个月就收获，这是反自然、反天性的！"尹建莉说。

她认为，耐心等待不是克制自己，而是要懂得，孩子的成长是需要一个过程的。教育者要做的是，照顾到孩子的需要，而不是家长的需要。

但是，家长的需要不是孩子的需要。"现在，一些家长把两三岁的孩子送进各种辅导班，这是家长的需要，不是儿童的需要。"

"这是急功近利的教育心理，家长不了解教育的真相，把自己对教育的焦虑感和对分数的追求强加到孩子身上。都说，教育的眼光要长远，可是这些家长连 5 年的眼光都没有，一开始就破坏了孩子的学习兴趣。"

"我也希望我的女儿学习好，上名校，但我从不向孩子要分数。"

"上小学的时候，很多孩子得 300 分，但我女儿从没得过，她很粗心、马虎，但我竭力呵护她的学习兴趣，关注她学习习惯的养成。"

她很重视女儿的意见，是个"听话"的妈妈，但她坦言，自己也曾经"不听话"。

"女儿小时候特别喜欢公主裙，可我觉得穿着整洁大方就可以了。她每次提出买裙子，我都回绝了。直到我的一个同学送了她一条裙子，她是那么的快乐！那一刻，我忽然意识到自己是个多么'不听话'的妈妈。"此后，女儿买衣服，即便选中的衣服特别难看，她也尊重女儿的意见。如此，女儿反而不固执，很愿意听取妈妈的意见。

"为什么你的孩子听不进你的话，因为他有一个不听话的家长。有了尊重，互动才是有效的。"

现在，尹建莉的女儿成长得很好，高考时以高于清华录取线 22 分的成绩被内地和香港两所高校同时录取，后来去美国一所常青藤盟校读硕士，毕业后在香港工作。

有的家长说：我的孩子跟你的孩子不一样，你的孩子犯错，批评就行，我的孩子犯了错，必须得打。

尹建莉说，"教育要照顾到表面差异，更要看到背后的教育原理。"

"表面上，孩子和孩子是不一样的，长相、爱好等天差地别，但是人与人之间对爱的需要、对美的向往等这些根本的需要，相似之处远远大于差异之处。"

不要放弃阅读

在采访中，尹建莉多次提到、强调阅读在一个人成长中的重要性。

"我当老师那会儿，学校生活比较简单，教师经常搞自主阅读。那时候，教师真的是有文化的群体。但今天的教师阅读贫乏，已经称不上知识的代表。哪怕是孩子高考，教师的孩子都没有优势了。"

　　她告诫教师和家长，千万不要以工作忙为借口放弃阅读。

　　但阅读不能急功近利，"有的家长，为了教育孩子，就买一本书，那样理解起来是很肤浅的。多读 10 本书，教育思想就会上一个新台阶。"

　　"教育不是一个专业能解决的问题，也不是一本书能解决的问题，它要面对的是人，是整个世界，甚至宇宙的问题。想要理解教育，光读教育类的书籍还不足以成长。要读得多，读得杂，反过来再看教育时，就豁然开朗了。"

　　她希望，学校能给教师和学生多一些闲暇去读书："学校往往忙于各种检查，把师生的时间都占满了，这对学生、教师的成长都非常不利。"

　　同时，她鼓励家长也要积极地参与到学校教育中来，帮助教师成长："发现教师存在问题时，要站出来，反映出来，一般的老师都会有足够的善意去接纳、反思。"

　　"一些家长一边抱怨，一边旁观，无助于教育的改进和家校关系的和解。"

作者系《人民教育》记者

原载于《人民教育》2015 年 05 期

李希贵：不让一个个孩子消失在概念中

李镇西

由潍坊到北京，再由教育部到十一学校，他快乐而执着地缔造着教育传奇

知道李希贵，来自早年的一篇题为《一个教育局长的听课手记》的长篇报道。真正见面是在潍坊的一个饭馆。那次去潍坊讲学，晚上校方请我吃饭。巧的是，当时"李局长"正在隔壁屋吃饭，听说我来了便过来打招呼。他向我伸出手："欢迎你，李老师！"

但见他集小伙子的英俊与中年人的沉稳于一身，笑容真诚而富有节制："欢迎你来潍坊'传经送宝'！"口吻俨然是会见外宾的国务院总理，但接下来是一句大白话："我还有事儿，不陪你了。吃好，喝好！"

再次见到李局长，是几年后在北京。当时，教育部有关部门打算出一套"当代教育家丛书"，我忝列其中。当晚，打开酒店的房间门，只见一位中年男子斜卧在床上看书。四目相对，彼此都乐了："李局长！""李老师！"

据说这是新中国成立后第一次组织所谓"当代教育家"写书，每人一本。面对如此殊荣，跟李吉林、魏书生等大家坐在一起，我多少有些自豪，更多的是不安、心虚。但我也看到个别"教育家"言谈骄慢，好像给他出版著作是在央求他。形成鲜明对比的是，李希贵坐在一个不起眼的角落，音调不高，语速不疾，从容不迫，娓娓道来，他说他所做的"还仅仅是探索""远不成熟"云云，低调得毫不做作，谦卑而又内敛。

那几天，大家忙着开会，研究写作提纲。一回到房间，我便放松了，可希贵依然手不释卷，时而蹙眉细看，时而仰头凝望，若有所思，念念有词，如此痴迷！我忍不住问是什么书，他给我看——《新概念英语》第一册！我大惊失色："你看这个作甚？"他眼睛也不抬一下，对着书回答我："随便看看，随便看看。"

几年后，他出访美国，居然能够比画着和人家简单交流，拿着英文读物也能知道个大概。回国后写下《36天，我的美国教育之旅》。我才恍然大悟：这家伙，原来如此！

后来，我和希贵见面渐渐少了。我偏居一隅，在西南一所涉农学校快乐而执着地编织着我的教育故事；他则由潍坊到北京，再由教育部到十一学校，同样快乐而执着地缔造着他的教育传奇。

他心中装的学生不是抽象的，而是一个个鲜活的"个体"

十多年来，虽不常见，但关于希贵和北京十一学校的正面报道、负面评价和中性传闻不绝于耳。这大概是所有改革者必然会有的"宿命"吧！

他一直心系校园，准确地说，是他心里一直装着学生。我认为这正是他后来一切作为的根源。在我看来，他在十一学校所做的一切，已经不只是"教育改革"，而是"教育革命"了。它让我们的教育眼光回到了教育的起点，让我们思考一个朴素但又被许多教育人忘记了的问题：我们的教育究竟为了谁？

其实，我们似乎从未停止过对诸如"办学目标""教育目的"之类话题的讨论，而且答案好像越来越"明确"了——"办人民满意的学校"呀，"为了一切学生"呀，等等。但我总觉得这些写在许多学校墙上的醒目标语似是而非，"人民满意"中的"人民"又是谁？大家约定俗成或心照不宣地认定是家长，还有各级领导，还有含混无比的"社会"，所以"办人民满意的学校"其实是"办家长满意的学校""办局长满意的学校"。

"为了一切学生"好像指向很明确，但实际上也很模糊甚至空洞，因为"一切学生"还是一个集合概念。但李希贵心中装的学生不是抽象的，而是一个个鲜活的"个体"。希贵认为，我们不应该让一个个孩子消失在"人民"和"一切学生"的概念中，我们应该追求"面向个体的教育"！

有一句话流传很广："我们走了很远，却忘记了为何出发。"如果问教育最早的出发点是什么，答案不正是一个个具体的学生吗？但是，这么多年来，我们的教育越来越让人眼花缭乱，越来越高瞻远瞩，"人"却没有得到足够的重视。谈到办学，不少校长首先想到的是一些宏大词汇："理念""规模""模式""打造名校""国际理解""走向世界"……唯独忽略了每天要面对的一个又一个具体的孩子。李希贵所倡导并践行的"面向个体的教育"，正是要把"这一个""每一位"重新置于教育目的和办学目标的首位。

这个主张并非李希贵原创。我们的老祖宗不早就说过"因材施教"吗？所以他所呼吁的"面对个体的教育"似乎并不新。但我赞同一种看法：当一些理念渐被遗忘，复又提起的时候，它就是新的；当一些理念只被人说，今天被人做的时候，它就是新的；当一些理念由模糊走向清晰，由贫乏走向丰富的时候，它就是新的；当一些理念由旧时的背景迁移到现在的背景去继承、去发扬、去创新的时候，它就是新的……因此，针对当今中国教育无视个体的现实而提出"面向个体的教育"，便显示出了它的改革新意。

希贵对每一个学生的尊重，不仅仅体现在课程改革、走班制等"宏观层面"；在一些微观的细节处，他也充分体现出几乎本能的对孩子的"在乎"。

去年我陪地方教育局局长去十一学校，大家聊得很欢，可不知什么时候坐我旁边的希贵不见了。我以为他打电话去了。谁知，二三十分钟后他才回来。

我正纳闷这个电话打得也太长了。他一坐下便抱歉："刚才我陪学生吃饭去了。今天星期一，该我陪学生吃饭。"原来十一学校有个制度，每天中午都有一位校级干部轮流陪学生吃饭。当然，校长和学生吃饭似乎已不新鲜，我看到过媒体宣传某些学校的校长和学生"共进午餐"，但这些校长是把这当作对优生的"奖赏"：经过选拔的品学兼优的学生才有"资格"与校长同桌吃饭。

我试探着问他："是不是你以这种方式和学生交流，了解他们的想法？"他解释道："不是不是。他们是来找我帮忙的。"这更让我不解了。他继续解释："今天有一个学生说他打算组队去参加一个比赛，但凑不齐队员，想让我在全校范围内给他推荐合适人选。"我恍然大悟。

他从衣服口袋里掏出一张纸给我看："这是学生对全校空调使用情况的调查数据，他们认为学校空调的使用率不高，有些资源浪费，想让我给他们出出主意，怎么才能使空调的使用更合理。"他诚恳而自然，令人动容。

我想起十一学校教学楼过道里张贴着一张手写的"校长道歉卡"——

亲爱的同学们：

你们好！

因国际部大楼改建工程延期至明年暑期，原定 2014 年十实事之"学生影院建设工程"作为改建工程的一部分，顺延至明年进行。为此我向全体同学致歉！

李希贵

聊起此事，他笑了："今天还贴了一张新的道歉卡呢！有同学抱怨有时来参观的老师在教学区大声说笑，影响他们上课。"我说："这是参观者的错呀！你是代他们道歉的。"他笑了笑，什么也没说。但我从他的表情上读到某种不屑回答的意味："你这都不懂呀？我是校长嘛！"

希贵的同事告诉我，李校长把手机号向全校学生公开。每当收到学生的各种诉求短信，他总是及时转给相关部门。这样的校长恐怕也不多。

在当今中国，几乎每一位校长都爱说"以人为本"，却不是每一位校长都能够把这四个字化作自然而然的日常生活。李希贵做到了。

当许多人还在憧憬某些崇高的教育理念时，他已经在行动上远远地走在了前面

我听到的对希贵及十一学校的批评和质疑主要有三点：一是十一学校集中了全国许多学校不可能拥有的"资源"，尤其是高素质的教师队伍；二是李希贵搞的是"西化"；三是十一学校的做法不可复制。

十一学校的做法可以被批评和质疑，但我认为，这几点却是经不起推敲的。

中国不是所有学校都拥有那么丰厚的物质资源和优秀的教师队伍，但拥有相当条件的学校绝不只十一学校一家。为什么有的事儿十一学校做到了，其他同样重量级的学校却没做到？

说十一学校"西化"，但只要我们坚持社会主义核心价值观不动摇，面

对西方的一些有效的做法，难道就不能适当地借鉴和学习？

说十一学校的做法"不可复制"，这正是多年来一些学校的教育改革和创新被否定的"理由"。可是，为什么一定要"复制"呢？不能"复制"就没有意义吗？十一学校为中国教育提供了一种可能，为素质教育提供了一条富有成效的路径，为中国至少是北京的孩子及其家长多提供了一种选择，这不挺好吗？

谈起这些，他淡淡一笑："有争议是好事，能让我们更加完善。何况我们的确还在探索中，也不成熟。"依然满脸真诚。

"我们的教育必须改变。"这是李希贵论著中流露出的一句分量很重的话，表明他想改变教育的决心。今天再读，我实在惭愧。十多年过去了，不能说我一点都没有将这些理念付诸实践，但和希贵相比，我做的实在有限。

马克思曾说："哲学家们只是用不同的方式解释世界，而问题在于改变世界。"这说的是实践的力量。希贵之可贵，就在于他不仅以民主的教育理念来解释"世界"（教育），而且已经并将继续"改变"十一学校，他将"面向个体"的教育观实实在在地化作了学校常态的教育生活。当我们许多人还在憧憬某些崇高的教育理念时，希贵已经在行动了，而且远远地走在了前面。

作者单位系四川省成都市武侯区教育科学发展研究院

原载于《人民教育》2015 年 24 期

叶澜：教育要先读懂"人"

庞庆举

从教 50 余年，叶澜的自我定位是"一位甘心以教育学为志业的学人"。

"我为什么愿意做教育学人？"叶澜说，"因为教育的丰富复杂，需要以研究者个体生命的全部丰富性去体悟、理解和表达，做教育学研究令人永远有学习的冲动。教育学人的生命会因此越发丰富、美丽和幸福。"

把教育中的"人"找回来

1958 年，叶澜怀着"培养老师"的憧憬，报考了华东师范大学教育学系。1962 年毕业留校任教。从此，叶澜走上了教育学研究的轨道。当时，教育学属于"综合 / 复杂"学科，相对晚熟，在学科之林中处于弱势地位，要"以教育学为志业"，注定充满挑战，任重道远。

1980 年，叶澜远赴南斯拉夫访学。中外对比下，叶澜意识到当时的中国教育学中缺了"人"。本是围绕"人的成长"开展的教育学研究，却偏偏看不到"人"，这是多么大的失误啊！没有"人"的教育学是机械的，若以此指导教育实践则是可怕的。她认定，教育学要发展，必须把教育学中的"人"找回来。

为了全身心地投入研究，叶澜主动辞去了华东师范大学副校长的职务。2006 年 8 月的那次总理座谈中，她说：我是"教育学"教授，对教育学研究的热情和心甘情愿，几十年不减分毫。

为了找到更多围绕"人"的研究启发，她走进学校，然而越是寻找，越是失望：在学校教育中，她看到了教材，看到了刚性的管理，却丝毫看不到"人"。越是缺乏，就越是坚定了她完善教育学研究、改进教育实践的决心。

从此，教育学研究和教育实践中共同的漏洞，成为叶澜走进教育深处的门。尔后，"生命·实践"教育学和"新基础教育"成为叶澜志业的"天""地"双螺旋。

先读懂学校，再诊断、重建

为了读懂学校、校长和老师，叶老师坚持每学期进学校，进学校必进课堂，与校长、教师深入接触和交流。她最喜欢坐在门口第一排，与黑板和学生呈 45°角，师生交互的全景悉收眼底。她说，这能让她有根据地作出判断，给出切中肯綮的建议。课后必研讨；若时间允许，研讨后还和学校领导、教师开座谈会。

在每一个"新基础教育"现场研讨会上，如果叶老师在场，她一定是记录最投入、对话最切中要害的人。她笔记本上的记录工整而又繁密，各种特殊符号、旁注、圈联、归纳，不同色笔的标识，活像"鬼画符"。

研讨的内容多针对现实问题，大量时间是在诊断哪里有问题，怎样可以更好（"新基础人"称之为"捉虫"和"喔效应"），如何"二度"反思—重建，"发现问题就是发现发展空间"是"新基础教育"的教研文化。

这种文化的形成非朝夕之事，它是在叶老师的表率、引领下，以"相约星期二"合作研究制度、"长程策划与阶段推进"等研究策略为保障，在大学专业人员"深度介入"中小学教育教学的日常研究性变革实践中，逐渐养成的新行为习惯。

有一次在外地研讨，叶老师听到一节九年级语文课《唐雎不辱使命》，其中一个环节是通过诵读、表演等体会唐雎和秦王的人物性格。现场，学生有各种读法和表演风格。评课时，大家主要围绕如何借助文本提升学生的语文素养研讨。

叶老师评课时首先肯定了这样的研讨很好，关注到用语文的因素提升对人物内在精神的理解。接着，她话头一转：

"这让我想到，教师要善于在课堂教学过程中研究学生。研究学生不是说要通过问卷、座谈，学生其实在课堂上在不断向教师呈现自我。孩子对于唐雎和秦王对话的理解，说明他们善于体会，摸透了人物的内在精神世界，唐雎说'未尝闻'天子之怒，不是不知天子之怒，而是虽然知道，但是含蓄，让秦王的张狂进一步表现出来，这是弱国使者与强国国君对话的智慧和策略。初中生容易叛逆，是个让教育头痛的难题，但孩子对文中人物的理解、揣摩，说明孩子能够且善于体会他人，这对教育研究、实践和青少年成长来说是很有价值的。

"现在，大多数老师研究学科内容的意识远远强于研究学生的意识，但是恰恰只有研究透学生，把握住学生的成长状态，才能做'人师'，才能真正对儿童的发展产生积极的推动作用。让我们一起学做人师，学着在课堂里、在日常生活中，观察、研究学生现有的问题和可能达到的高度，从现有的问题走出，让更多的学生从现有的高度走向可能达到的高度。我们在这方面再下功夫，研究教材、研究学生、研究课堂，再来设计，这样不可能有倦怠！教育世界如此丰富！充满了需要思考、创造的事情，我们哪里有空倦怠？！只有无所事事、不做研究，才会倦怠。"

这样的打开式、提升式评课，不仅没有脱离具体文本、真实教学，而且贴近学生的成长需要和成长阶段的关键期，贴近教师的生存方式，对教师反思、重建，对学生发展，对课堂本身的生命成长，都有启迪价值。这种形式的研讨会很受教师的欢迎，每逢研讨，大家都争先恐后地往前坐。

叶老师不仅在研讨现场善于倾听、捕捉、互动、提升，而且在研讨之前的"备课"和研讨之后的"课后作业"上都下大功夫。每次研讨前，她都会仔细阅读手头收到的材料，哪怕只是一张安排表或目录，从中读出安排背后的思路、策略及人员的分布与成长。

同时，叶老师要求自己：凡是要求学校提交的材料，无论多忙，都要抽空提前阅读、梳理，从中诊断价值取向与思维方式，发现新的创造、阶段问题与发展空间。叶老师说，有了"行与知""事与人""创造与问题"交互解读的"深度备课"，现场努力倾听、捕捉、判断、提炼，相互之间才能进行既读懂又促进的重建式对话，促进合作者更加明晰"自我"的发展状态与可能，在原有基础上更上一层楼。

事实上，许多访谈者也谈到：之所以能在合作共生中创造教育新天地，是基于日常持续的"深度"介入，基于日常积淀的相互"读懂"。

研讨之后，凡是对方提交的材料，叶老师依然要及时梳理，及时反馈；

没有"课后作业"时，叶老师则在头脑中对研讨现场进行"回放""重播"。把学校发展揣在心里，殚精竭虑，反复思量，这背后是怎样的热爱和甘心！

2014年，福建教育出版社出版了《深度访谈：读懂创造教育新天地的人们——叶澜与"生命·实践"教育学合作校部分校长访谈录》，书中叶老师为所有"生命·实践"教育学合作校校长，逐一"画像"。既有访谈前拿到基本情况表的"素描"，也有访谈现场即时的"速写"，还有访谈后的"工笔写意"。校长、老师们的形象，从执行者变成了实践创造者，从方法的操作工变成有信念的教育者。

唤醒人更好的自我

其志即其行，其业即其人。对生命的尊重、热爱和"读懂"，与生命间的"互动生成"，不仅是叶老师的研究常态，也是她待人接物的习惯作风。

有一次外出作报告，叶老师在进报告厅前上楼时不慎摔伤，无法站立。邀请方劝她暂停报告，先去医院。但叶老师听说报告厅已坐满，过道也站得水泄不通，有的听众为了听这场报告还提前4小时就来占座，她不能辜负听众。叶老师当时已无法站立，在涂抹药膏、作简易包扎处理后，我们抬她到讲台，一路上她不停地对我们说"谢谢"。说谢谢的时候，她望着我们每一个人。是的，她的眼里看到的是每一个具体、丰富的人。

她坚持作完了近两小时的报告。邀请方说："她完全可以只讲一半啊！"

叶老师住院期间，请了一位中年女护工，跟叶老师交流后，护工说，"我们配合很默契""我好久没有听到这样暖心的话了"。

叶老师不仅说暖心的话，还从护工的故事里读到了淳朴、勤劳等与土地相连的精神气息，反思城里人的精神缺氧，思考民工过年回乡潮、儿童精神成长中的大山、城乡差距等问题。"城市化的过程不只是改变农村的经济和教育贫困落后，也要改变城市的浮华和狂妄自大。这需要两类人之间相互尊重、欣赏、学习，从对方身上吸取精神能量，改变自己的不足。人逐渐变了，我们才会有新型的农村与城市。永远不要把别人只当作你的工具，你才会看懂每一个具体和丰富的人。"这是被缚在病床上的叶老师说给我们听的话……

她常感叹:"我的身边都是好人,我经常遇到好人!好福气吧!"其实,人不同程度地既有好的一面,也有不好的一面。教育者的伟大就在于能在不经意间唤醒人好的、向更好的那一面,不断激发出人渴望变得更好、追求自我完善的内在发展需要。"经常遇到好人",其实是她善于焕发人更好的那个自我。

作者单位系华东师范大学教育学系

原载于《人民教育》2016 年 10 期

"知心姐姐"卢勤话"知心"

邢 星

卢勤当"知心姐姐"30余年，曾长期主持《中国少年报》"知心姐姐"栏目，发起"知心姐姐"报告会、开设"知心家庭学校"，并于2002年创办《知心姐姐》杂志，其间接触过无数的少年儿童——她了解孩子。

卢勤是中国家庭教育学会常务理事、中国关心下一代工作委员会专家委员会委员，获得过"中国内藤国际育儿奖""中国保护未成年人杰出公民""全国优秀少年儿童工作者"等诸多奖项和荣誉称号——她深谙教育。

卢勤曾任中国少年儿童新闻出版总社总编辑，是中国新闻工作者最高奖"韬奋新闻奖"获得者；其所著《写给年轻妈妈》《做人与做事》等教育类图书累积销量逾千万册，多次荣获"五个一工程奖""中国图书奖"等——她善于表达。

了解孩子、做教育、著书立言，卢勤说这三件事在本质上一样：都是在"进行心灵的沟通"。这一次，我们就聊聊"知心"这件事。

"我相信梦想成真，而且始终不放弃追梦"

"1960年，《中国少年报》成立了'知心姐姐'栏目。我看到好多小朋友给'知心姐姐'写信，于是有一天，我也悄悄地写了一封。大意是：我看到《中国少年报》刊登了许多学校的少先队活动，我们班的活动也搞得很好，怎样才能见报呢？

"不久，我就收到了'知心姐姐'的回信。她在信中亲切地称我为'卢勤小友'，回复说：报上没有刊登过的活动，如果你写就有可能发表；就算一时没有发表，你也不用灰心，总有一天会成功。

"后来我按'知心姐姐'说的办法投了稿，我们中队的活动果然上了《中国少年报》。

　　"小小的成功，能够激发大大的梦想。第一次写信就收到了报社的回信，我们班的活动又真的见报了，我心里有一种从未有过的成就感。从此，我立下人生第一个志向：长大到《中国少年报》当'知心姐姐'。那一年，我11岁。"

　　卢勤的话是"流"出来的，没有多余的字句，没有不必要的停顿，故事情节连贯，起承转合顺畅，节奏并不快，却让人听得心里一阵痛快。

　　从立志起，卢勤就开始将梦想付诸行动。

　　"小时候，我一直梳短发，为了像报上'知心姐姐'的样子，悄悄留了长发，也梳起了两条小辫子，又特意去北京照相馆照了一张'标准像'，姿势都跟'知心姐姐'一样。但是后来取回照片一看，总觉得少点什么，仔细对比才发现，我缺少'知心姐姐'那可信可亲的微笑。于是，我开始见人就笑，时间长了，就有了'亲和力'，微笑也成了我与人交往的'见面礼'。"说这话的时候，卢勤就正微笑着，眼睛、嘴角都弯成好看的弧。

　　"上中学后，我是第一批共青团员，当了三年班级团支部书记和校团委会委员。下午放学经常到后海边与同学谈心，聊人生、聊学习、聊烦恼，你说我听，我说你听。当时就觉得别人信任你，把心里话都告诉你，你理解别人，走进别人的心里，这种'知心'的感觉真好！"

　　梦想与现实渐渐靠近，卢勤初三毕业时目标更加明确："高中毕业报考人大新闻系，大学毕业去《中国少年报》当记者，当'知心姐姐'。"

　　可是，追梦的路向来不平坦。

　　1966年，"文化大革命"开始了。

　　1968年，卢勤高三毕业时，大学的校门都关闭了，《中国少年报》也停刊了。

　　1969年，卢勤成为上山下乡的千万知识青年中的一员，来到吉林省白城地区插队，在这里一待就是整整10年。

　　"我下乡3年没回家，组织青年农民和下乡知青共30个人办了一个剧团，春节期间去各村演出，很受欢迎。4年后我调到白城知青办工作，又成了知青的'知心姐姐'，他们找对象都要让我给看看合适不合适。"卢勤笑着说，"在那里，我学会了群众工作，既可以跟老人沟通，也可以跟年轻人沟通，跟孩子沟通。"

上山下乡的"岔路"仿佛将卢勤的人生轨迹引向了未知的方向，可她的梦想故事突然峰回路转。

"1978年11月的一天，我正在做晚饭，偶然听到《星星火炬》节目里正在广播《中国少年报》复刊的消息。当时我无法按捺内心的激动，连夜给《中国少年报》写信，诉说我童年的梦想，表达我这些年来的心声。"卢勤说得动情，"1979年6月，我的愿望终于实现了。我踏入了朝思暮想的中国少年报社，成了一名记者。那一天，我流泪了。我没有想到一个孩子的梦想，一个知青的梦想，真的能实现。我下决心要为孩子工作一辈子。那时我30岁。"

为什么卢勤的梦想能够实现？

"因为我相信梦想能成真。一路走来，我心中始终怀抱这个梦想，而且在追梦的过程中始终不放弃。"此时，卢勤的笑容里又多了一份坚定。

"为了孩子，我什么都能够做到"

孩子的心田，你种下什么，就会收获什么。

如果你听过卢勤的讲座，或者读过她的书，你一定能感受到卢勤心里有对孩子满满的爱，并由这爱生出满满的力量。那么，爱的力量源自哪里呢？

"我上小学五年级的时候，有一次，《中国少年报》登出盲童李学美姐姐刻苦学习的故事。我们班决定请她来作报告，这个任务就交给我了。我也不知道盲童学校在哪儿，于是买了一份地图，一大早就上了公共汽车，中间倒了三次车，一边打听一边找，最后终于找到了校长室。"

卢勤走进去一看，校长室里坐满了人，他们都是来请李学美的。她赶紧跑到校长面前，一口气讲明来历。校长说了一句话，让卢勤至今记忆深刻："孩子的事儿优先！"

那一天，校长不仅优先安排李学美到卢勤的学校，还专门派车把卢勤送了回去。

卢勤回忆说："当时有一种'英雄归来'的感觉，我就觉得社会对孩子很尊重。后来我当了'知心姐姐'，也常常想着'孩子优先'，只要孩子出面邀请我去他们学校作报告，我都尽量答应。"

"这次成功的体验对我还有一个影响，就是收获了信心。让我觉得你只要很真诚地跟人沟通，一往无前地去做，大多数人理解了你的意图后都会支持你。"

卢勤说，满满的爱心与信心都是"一件一件的小事"积聚而成的，从小到大，她这样的经历太多了。

"1986 年，我们报社要组织'全国好队长夏令营'活动，想请一位省委领导或者市委领导来参加我们的开营仪式。"很多人都觉得这件事"不可能"，卢勤却说："先别说'不可能'。"她找到领导参加其他活动集体拍照的空隙，直接走上前去介绍："我们有一个'全国好队长'的活动，要举行夏令营……"领导拍完照径直往前走，根本没理她，但卢勤仍然一路跟着领导，边走边说明情况。最后，省委领导竟然真的被她说服了。

"我自己也欣赏那股勇气，就好像为了孩子，我什么都能够做到。只要是为了孩子，我会非常执着地做一件事，有困难也绝对可以克服。"

卢勤话锋一转，继续说道："其实沟通不光靠语言，心灵的沟通依靠一种心理能量。如果你沟通有障碍，那么这个障碍在你的心里，你可能觉得正在沟通的这件事情不是很重要。我始终认为孩子的事很重要。"

"沟通能力建立在自信的基础上，因为沟通需要主动。"卢勤说。

"我不是从小想当'知心姐姐'嘛，所以总想主动帮助别人。我记得小学五年级学一篇课文《海边青松》，讲的是英雄安业民爱国爱民的故事。我非常感动，放学后便和同年级的两位女同学一起，秘密成立了一个做好事的'安业民小组'。除了打扫卫生、修理厕所这样的事情之外，我每天都在默默地观察：'谁需要我的帮助呢？'如果发现哪个同学情绪不高，我就写一张纸条，上面是一句能让他心里高兴的话，然后趁着他走进教室不注意的时候，迅速塞进他的手里，自己再若无其事地走开。"

"这个经历让我感受到，心灵的帮助是一件很快乐的事情。我开始搜集名言警句，因为帮助人的时候需要用。也是从那时起，我养成了爱记录的习惯，遇到书上看的、别人说得好的语句随时记在笔记本上，这些都是滋润心灵的营养。"

在寻求"知心"的路上，卢勤既找到了沟通的快乐，也找到了帮助别人的快乐。

"3年前，我们小学同学聚会。阔别50多年，有一个男生一见面就说：'卢勤，你还记得我吗？小时候，你天天送我过马路！'我才想起来了，徐耀荣，这个淘气包！他总疯跑，把肋骨摔断了，穿着铁背心，我每天把他送过马路再回家。他说完这句话就哭了，我也哭了。我感到50多年过去了，岁月抹去了许多记忆，留下的却都是别人对自己的好。"卢勤笑着，眼睛闪亮。

"现在回想起来，我的爱心和信心正是在做一件一件的小事中形成的。在这个过程中，我的人生观也得到发展，认为'人活着之所以快乐，是因为能够让别人更快乐'。后来我做'知心姐姐'，发起'知心姐姐'报告会，开设'知心家庭学校'，最终，我成了一个热心社会公益事业的人。"卢勤总结说。

"家长、老师要学会倾听孩子"

卢勤少有地收起笑容，不无担忧地说："现在，家长在'教育'孩子，老师也在'教育'孩子，没有人在'倾听'孩子。其实教育最重要的是'知心'，'知心'最重要的是倾听。只有听懂了再说，教育才有的放矢，所以家长、老师要学会倾听孩子。"

"我在上幼儿园时，遇到一位特别好的老师。这位老师好在哪儿呢？就是她懂得倾听孩子。记得上幼儿园第一天，老师给每个小朋友发了6支彩色铅笔和一张白纸，让大家随便画。我当时可高兴了，因为从来没有用过这种彩色铅笔，于是每一种颜色拿出来，分别在纸上画了一条像弹簧一样螺旋形的彩条。其实，我主要是看看哪个颜色好看。"卢勤说着，笑得很生动。

老师看了看卢勤的"画"，问道："你画的是什么呀？"

卢勤一愣，她根本没想画的是什么，可是看到老师期待的目光，她脑子里灵光一闪："是烟。"

"是吗？你回家再去观察一下，看看烟筒里冒的烟是什么颜色的。"老师笑眯眯地说。

放学了，卢勤在回家的路上就开始观察，结果让她很失望：所有的烟都是灰灰的，只是有的深些，有的浅些，太难看了！

第二天到了幼儿园，这位老师又问卢勤："你画的是什么呀？"

这一次，卢勤想了想，回答说："烟。我画的是'明天的烟'。"

"你很有想象力！"老师拍拍卢勤的肩膀，满意地说。

"童年的这种记忆非常美好，老师的倾听和肯定激发了我的想象力，从此画画成为我一生的爱好。"卢勤回忆说。

"我觉得，我的妈妈也是一位了不起的教育家，她为我们营造了一个宽松的、倾听的家庭环境。"卢勤举例说明，"小时候，最让我得意的一件事是为自己改名字。父母给我起名叫卢桂华，5岁时上幼儿园报名，我觉得自己的名字不好听，提出要改成当时开始时兴的两个字的名字。我妈很赞成，她召集全家人开了'家庭会议'，给我起名：卢迪、卢芳、卢琴……最后，我选了'琴'音，但改成了'勤劳'的'勤'。几天后，幼儿园门口贴出报名名单大红榜，我一眼就看到'卢勤'两个字，高兴得马上回家报告：'妈！我起的名字贴出来啦！'妈妈放下手里的活儿跑去看，连连说：'这名字好，简单，好记，又勤快！'"

"我很感谢我的爸爸妈妈。童年，他们没有给我压力，倾听、尊重我的意见。对于一个5岁的孩子来说，自己的主见被大人采纳，是最令人感到幸福的事。"卢勤深有体悟地说。

但为了全身心地投入"知心姐姐"工作，身为母亲的卢勤却曾经忽略了倾听自己的孩子。

"我总觉得听孩子说话浪费了我写稿子或思考的时间。所以，每次孩子和我说话，我总是作出很忙的样子，眼睛左顾右盼，手里还不停地翻动着书报。没想到，我的'忙碌'给孩子的语言表达带来了障碍。为了在有限的时间里把话说完，他就讲得很快，当嘴巴跟不上思维，他说话就变得结巴起来。我对他说：'你别结巴！'他结巴得更厉害了。"

这时，卢勤的妈妈支了一招："你儿子和你说话，你好好听着就行。"

卢勤开始注意"认真倾听"儿子讲话，慢慢地，他竟然不结巴了，说话很精彩，甚至渐渐有了幽默感……

"倾听真是具有一种神奇的力量！它可以让人获得智慧和尊重，赢得真情和信任，也可以让一个'口吃'的孩子，变成语言的天才。"卢勤反思而得，"大人会听，孩子才会说。好说、会说的孩子身后，一定会有爱听、会听的倾听者。"

"其实做'知心姐姐'很多时候也是在倾听。"卢勤说。

"我到了报社以后，负责回复'知心姐姐'信箱的来信，每一封都很认真，抬头写'某某小友'，落款写'知心姐姐'。这种回复对我来说是基本功，就是学会用孩子的语言跟他们沟通。

"1987年，孩子们呼唤'知心姐姐'从报上'走下来'。孩子的需要就是我们的使命，结果孩子们排着长队啊，一个会议室里满满地挤了600人。孩子当着那么多人的面就诉说自己的心里话，我才知道，孩子有很多心声没有地方说。

"于是我们开始'知心姐姐'进校园，然后又开通了'知心热线电话'。后来，'知心姐姐'报告会、'知心家庭学校'、《知心姐姐》杂志、'知心姐姐'网站一步一步发展起来……

"倾听孩子的心声，是'知心姐姐'一辈子的工作。"

一口气说到这里，卢勤如释重负却又余意未尽地戛然而止。

卢勤说，做了几十年"知心姐姐"，沟通的媒介改变了，孩子和大人都在改变，但是"人性是无法改变的"——"人性最根本的东西是需要沟通，心灵的沟通"。

原载于《人民教育》2014年04期

曹文轩：我喜欢用孩子的眼光看世界

邢 星

曹文轩在中国作协七届六次全委会的间隙抽出时间接受我们的采访。他迎出来站在门口，一身黑色休闲款西装，远远看去挺拔、精干。越走近，他的眼睛就越吸引我的注意，我一直想找一个准确的词来形容那双眼睛：清亮。当我重新整理这些文字的时候才终于明白，这位北京大学中文系教授、博士生导师，这位有《草房子》《青铜葵花》等诸多畅销佳作的中国作家协会全国委员会委员、北京市作家协会副主席，这个成功演绎着学者与作家双重身份的成熟男人，依然拥有孩子一样对这个世界含着善意的、微笑着的目光。

"想象力让我富有"

采访的时候正值北京的初春，可曹文轩却说："我最不喜欢的季节是春季。"因为他记忆中的春季是与苏北农村的贫穷和饥饿紧紧联系在一起的。

"我小时候生活在一个非常贫困的土地上，说来你可能都不相信，那个时候我吃过糠、吃过青草。"曹文轩微微眯起眼睛，一边回忆一边平静地讲述，他所说的我只能想象却无法体会，但若是那个年代经历过的人恐怕都感同身受。"春季是青黄不接之季，头年的粮食吃完了，这一年的庄稼还在地里生长着。而春天的白天也特别长，太阳又特别暖和，人身体里能量的耗费要比冬天大得多了，可是没粮食。所以我现在还记得，到了春天的时候，就希望天早一点儿黑下来，黑下来你没办法就得上床了，不然你对饥饿的感觉会更加的强烈。"

关于饥饿，曹文轩曾讲起这样一段往事。那正是春天的时候，一个暖暖的中午，小文轩的肚子饿极了，趁人不注意，他偷偷溜进了学校给教师做饭的厨房。揭开锅盖的瞬间，一股热气伴着米香扑面而来，一看到锅中那白花花的米饭，小文轩竟然不顾烫，抓起一把米饭就往嘴里塞去。就在这时，语文老师出现在厨房门口，正漠然地看着他！而此刻，小文轩一手拿着锅盖，一手捂在嘴上，手上还沾满了米粒……

"苦和幸福很难说，因为它有一个转化的问题。"此时回望那段贫苦的岁月，曹文轩有着更深刻的理解，"我想造物主还是公平的，它给你贫穷的时候又给了你一笔财富，这个财富只是你当时不知道。"那段生活给予他的人生财富就是想象力："正是我小时候的那种贫穷，使我的想象力得到了发挥，甚至发挥到了极致。"没有吃的，曹文轩就想象出各种各样的珍馐美味，他想着自己长大了"做一个屠夫"的样子："能顿顿吃大肥肉，嘴上整天油光光的"。没有书包，"我就想象着我有一个书包，而且是一个非常漂亮的书包"。没有一支好笔，"我就想象我有不止一支笔，而且还是各种颜色的笔"。在那段物质极其匮乏的岁月，曹文轩用想象填满了自己心中的世界，"那种能力的培养，那个时候当然不知道它会成为我以后一笔非常重要的财富。这就像一笔钱已经存在你的存折里了，若干年后才知道你原来有一个存折，打开来有一笔数目巨大的存款"。

想象力"是高质量生命的一个标志"，可如何将贫穷和苦难转化成想象力呢？

"一个是天生的。我们能看出来，说这个小孩想象力很丰富。"曹文轩一边总结，一边回忆，"我想，我天生的想象力还是不错的。"曹文轩儿时一直生活在水边："你望着它，无法不产生遐想。水培养了我日后写作所需要的想象力。回想起来，小时候我的一个基本姿态就是坐在河边上，望着流水与天空，痴痴呆呆地遐想。"

另一个"是跟人生经验有关"。"在想象力里有一个重要的东西，就是人生的遭遇要非常不平坦"，就如曹文轩切身经历的贫穷，"那就说明你'没有'，你'没有'的时候就会希望自己'有'，那么这个'有'哪里来的呢？只能通过想象"，"通过想象来弥补空缺，无形之中就触发对一个人想象力的培养和锻炼"。

"还有一个很重要的就是知识。"曹文轩将知识放在最重要的位置。"想象力是一个火箭，推动这个火箭的就是知识。如果没有知识，我不能想象它升空能有多高、有多远，这个抛物线的弧度有多大。有多少知识，就有多少想象力；有多么丰富的知识，就有多么丰厚的想象力。"曹文轩说他给小孩子们作讲座也常常说起，要"通过读书来增长自己的知识，知识帮助人，让人有了一种想象力，有了想象力就有了一种创造，然后就会变成一个非常富有的人"。

"文学改变了我的人生轨迹"

曹文轩小时候，每天放学就和小伙伴们在田野、河边、稻地、麦地、芦苇丛各处玩闹，"空闲时间非常多，就是书少"。但和其他孩子相比，"我有一个得天独厚的地方"："我小时候阅读的条件，可能比我周围普通农民家庭的孩子好很多"。因为父亲是"乡村知识分子"，在小学当校长，"虽然书不多，但是毕竟我是有一些书看"。从小学到初中，父亲学校里的两大架子书就成了曹文轩珍贵的精神食粮。他看了鲁迅的书，看了《三国演义》《水浒传》，甚至看了《红楼梦》。

"现在想起来非常有意思，"曹文轩说起自己独特的文学学习之路，"当时有个叫浩然的作家，如果现在我们用纯文学的眼光看，会觉得他的作品意识形态色彩很重、很浓。可他虽然是写阶级斗争的，但是他也写刮风下雨，有风景描写，所以我从当中学会了风景描写。他虽然可能把人物错误地理解了，可他毕竟刻画了人的肖像，说这个人是个胖子，胖到什么程度？裤子穿得马上就要开裂了。"聊到生动的文字记忆，曹文轩禁不住笑出声来，"他教会了我几乎所有的文学写作的技巧、文学写作的方法。"他甚至这样评价："浩然这个作家在中国文学史上起到的作用，恰恰是后来我们认定的那些非常伟大的作家、了不起的作家都没给予的，因为他的作品培养了一代人的文学的能力。"

曹文轩发表的第一篇作品有个颇富象征意味又很好听的名字，叫《紧弦》。那还是在他上高中的时候，当时公社文化馆"有一些老师专门下乡来辅导业余创作"。老师看了曹文轩的作品，很郑重地说了句："基础不错。""那个时候的文学创作是非常认真的"，曹文轩回忆说，"大家坐在一起开会"，"一篇作品好多人提意见、打磨啊"，"一次一次修改、一次一次修改"，慢慢终于"熬出头了"，作品发表了！"当然，那个时候是没稿费的，可自己的东西发表了，当时是非常非常兴奋的。"

因为业余创作的突出表现，1974年，曹文轩经老师推荐进入北京大学中文系读书，那对他而言是一个"特别大的转折"，竟也是一段"极其压抑的"时光。

"实在是因为在那块土地上是有一点点，就……"曹文轩犹豫了一下，挑拣着词语，"受不了了。因为太贫穷了，总是想着要离开那块土地，去一个可能好一点儿的世界，想象中的世界。"当时曹文轩就暗下决心："要尽一切可能，通过我个人的奋斗离开那块土地。"文学正是曹文轩找到的出路："果然文学帮了我忙，如果不是因为它，我也不会到北大；如果不到北大，我也不可能有今天这个人生轨迹。"

曹文轩带着一个农村孩子朴素的想法来到北大："我到大学来是读书的。"可那个"文革"时期的北大也并不是曹文轩想象中的美好世界。他一进校门，立刻被纠正想法："你怎么是来读书的呢？你是来革命的！"因为理想和现实激烈的矛盾，曹文轩十分失望和无助，"我在北大的那个时间是极其压抑的"。

可是还好有文字。曹文轩是一个把文字当作"家"的人，他说"文字构建的屋子，是我的庇护所——精神上的庇护所"。"无论是幸福还是痛苦，我都需要文字。无论是抒发，还是安抚，文字永远是我无法离开的。"过往的经历通过文学得到升华，在曹文轩的文字里，苦痛都消散，世界仿佛又回到童年那些纯净的想象里。

他坦陈："我写东西在语言上是很认真的，比较考究的。我不会去用那些没有质地的语言进行表述、描写。""我作品的主人公常常是孩子，更准确地说，我是寻找了一个儿童视角，我用孩子的眼光去看待这个世界。"什么是孩子的眼光呢？曹文轩的解释让我恍然，"当用一个孩子的眼光去看待这个世界的时候，这个世界会发生变形，这个世界会得到过滤。因为孩子一般看到的都是相对美好的东西。"

我终于明白为什么在经历了苦难和压抑之后，曹文轩的文字世界依然一片纯净："我喜欢用这样一个目光去看待这个世界，即使我不写儿童文学，我在日常生活中看社会、看人也是这么看，所以写那样一个东西很适合我。"

《草房子》出版 10 多年，印刷了 130 多次；《青铜葵花》现在每个月仍在印刷。冰心文学大奖、国家图书奖……曹文轩的作品有市场也有口碑。因为这片难得的纯净，曹文轩的书一直为儿童读者所喜爱，可曹文轩却说："我不是一个十分典型的儿童文学家"，因为"我在写东西的时候，较少考虑到我的阅读对象是儿童，更难考虑他是我唯一的阅读对象；因为我创作时想到的是我在写一个文学作品，我考虑更多的是艺术。那个时候我可能会想到契诃夫的一句话：当一部戏的第一幕把宝剑挂在上面的时候，最后一幕应该把宝剑拔出剑鞘；我可能想到卡夫卡的一句话：小说，是能够敲开冰冻的海面的一把斧头；我可能会想到哈默克的一句话：小说就是用针挖井"。

面对成功，曹文轩说："我可能是一个非常走运的人，就是说我的作品无意中吸引了千千万万的读者。"

最幸福的是"我的事业和职业是统一的"

曹文轩有作家和教师两个身份，在他看来这二者"是没有矛盾的"。虽然"一个是要求理性程度很高的，一个是要求情感程度很高的"，但"这两样事情总能结合到一个人身上"。

说起在北大留校任教的经历，曹文轩讲起一段有趣的事，"可能是绝无仅有的了"。刚毕业，曹文轩就接到了北大的橄榄枝，但"因为北大给我留下的印象并不好，所以那个时候我并不想在北大留下"。曹文轩收拾好行李，作出了可能连他自己也不曾料想到的决定：回老家！整整一年的时间，曹文轩就待在家乡，"什么也没干，就在那儿晃悠了一年多"。可怪就怪在，这一年间，北大每月按时给曹文轩发"工资"，直发到曹文轩"不好意思"了，他终于重新"回到了北大，走上了讲台，从此就踏踏实实地做一个大学老师"。在北大的这方讲台，一站就是 20 多年。

"北大选择了我，我也选择了北大，我们是一个互相的选择。这个选择从现在来看效果还是很不错的。在北大，我的事业和我的职业是统一的，我的事业就是我的工作，我的工作就是我的事业，这是我最幸福的地方。"曹文轩解释说，"我站在北京大学的讲堂，它可以让我自由发挥，让我的想象力、我的思想得到充分的展示，让我把这些东西给我的学生，我觉得这是一件非常幸福的事。"

采访中,曹文轩老师的语言是节制而有逻辑的,始终在一个温和的调子上,但一说到课堂,他的语速明显地快了:"我曾经给学生讲小说,讲一个作家的观察。比如汶川大地震你关心什么,观察的角度是什么?军队来了、飞机来了、水车来了,但这是报告文学的东西。我是写小说的,我注意的是什么?我注意的可能是别人根本不注意的。比如有一个镜头,一个老太太从山沟里撤出来的时候沿途已经走了好几十公里了,可她背后一直背着一个背篓,那个背篓里有一只小狗。那这个对我来说太重要了,这才应该是一个写小说的人应该注意的材料。可能是老太太压在那个地方,是一条狗救了她,用舌头舔舔老太太,那么这就是我说的小说。小说就在这儿呢!"

师从曹文轩这样知识渊博的教授,他的学生肯定获益多多。我猜想要拜他为师也会很不容易。对于挑选学生注重什么素质?曹文轩回答:"我挑选学生,首先一点,他要勤奋。第二点,要聪慧。第三点,他要有教养。这个是我选择学生的基本条件。"

语文课本应该是"非常完美的一个文本"

常常到中小学作讲座、与中小学师生交流,曹文轩这位大学教授更关心整个的教育链条。"现在我们这个链条上出现了问题,原因就是在这几十年间大学教育与下面的中小学教育脱节,两方面的人员没来往、没渗透,这两年有所改变。就说语文教材的编写,原来语文教材编写,大学老师是不介入的,但这几年编教材的人员反而是大学老师作为主导性的部分,再集合教学第一线的老师们一起完成。这样从某种程度上讲,多多少少弥补了大学与中小学之间的一个断裂。"

曹文轩上高中也正赶上"文革",但他却说:"我的高中恰恰是受到了非常好的教育。"原来,正是因为"文革",当时一批无锡和苏州城里名校的名师"就下放在我们那个穷乡僻壤",在曹文轩所在的学校——一个非常普通的乡村中学任教——"教数学的、教物理的、教化学的,哪怕是教我们打篮球、跳绳的体育老师都是名师"。而当时语文老师的教学方法让他记忆犹新:"虽然教材里头的所有文章都充满了政治色彩,但她把它按照语文来讲,讲文法、讲章法。"

"现在语文教材的编写和语文教学都有问题可以探讨的。"曹文轩的语气里有担忧，"其中有一点是特别要注意的，就是在近 10 年的语文教学里，我们过于强调语文的人文性，忘记了它的工具性，而好多问题都是和轻视语文的工具性联系在一起的。"他认为语文课本应该是"非常完美的一个文本"，应该"在写作上有可以说道之处"。这些看法来自他对中小学语文教学的感受，他听过许多老师分析课文，"重心基本压在对这个文本的人文价值的分析上，很少听到一个老师去讲它的篇章结构，去讲它的文法、笔法、技巧，去讲它的文章之道"。所以他觉得"这就是一个偏颇的地方"。

曹文轩说："我们现在编的是一个语文课本，而不是一个人文读本。我们不是拿语文来给小孩进行一个简单的思想教育，重心应该是在文章上，因为学校各个课有各个课的功能，要思想教育你还有思想品德课嘛。"那什么才是好的语文教材呢？"过去叶圣陶他们编语文课本的时候根本没有别的想法，就是适合孩子念的、非常好的，文质——无论是文还是质——都是非常地道的文章。"

对于当下的中学教育，曹文轩觉得还是存在一些问题的。如果把学校比作一条完整的生产线的话，他认为"从中学接过来的产品没有完成应该完成的工序"。他举了一个简单的例子——写作。"按理说，高中把学生交到大学时，他应该已经完成了基本的写作能力的训练，已经知道了文章大致上是怎么回事，有个基本的文章的章法，知道了篇章结构，起承转合，字通句顺。"进入大学这道工序的时候，学生的语法不应该存在这些问题了。然而"很多学生都没过关，文章篇章结构不会安排，语言不通顺。结果事实上，我们今天的大学老师面对的一个非常尴尬的情况，那些已经念了博士的学生，老师在看他论文的时候还面临着一个一个病句，而且文章的篇章结构、逻辑安排都有问题，这些问题本来都应该是读高中时解决的。"曹文轩说，这也不能怪高中老师，"因为这是一个教育体制的问题"。

"我喜欢看一些非常有智慧的书。"曹文轩老师也跟我们分享他的读书经验，"比如角度刁钻、出人意料的。有一本《黑夜史》对我的启发很大，它教会我怎么用另样的眼光看待被我们忽略的非常重要的事情，我们谁会想到黑夜和人类文明史之间的关系呢？黑夜是人类生活里头极其重要的一个方面，人类的第一部《法典》就是跟黑夜有关系的。这种书，不光是书里的内容我非常喜欢，同时它的思路提醒了我们常常放弃了的、非常重要的观察这个世界的角度。其实这个道理跟文学创作一样，是需要一个别出心裁的视角。"

但另一方面，曹文轩也说无论读什么书，都要有自己的方法："我看书就像一个猎狗在追一个猎物。追不到这个猎物我是不甘心的，哪怕是很臭的书，我也要明白它臭在哪儿。"曹文轩总结自己的读书方法叫"雁过留毛"，"一辈子生命很宝贵的，就这么看看扔掉了不行。只要一本书从我眼皮底下经过，你必须留下一些东西再走，不然你就别从我这儿过"。

曹文轩曾经说过，《草房子》里的桑桑有他童年的影子。可采访的时候我一直觉得奇怪，为什么即使坐在曹文轩的面前，听他讲着成长的经历，我仍然无法想象桑桑长大的样子？后来我突然想起彼得·潘，那个永远也不会长大的孩子。于是我想，也许桑桑从来就没有长大，也许曹文轩还一直是桑桑，也许我们每个人在心里的某个角落都仍然想要自己变回那个还没长大的孩子。

原载于《人民教育》2011 年 09 期

金近：儿童文学作家，应当是一个教育家

何夏寿

《小猫钓鱼》《小鲤鱼跳龙门》《狐狸打猎人》等，这些脍炙人口的儿童文学作品皆出自金近先生之手。

他的童年充满了泪水，却用一颗童心给儿童读者奉上那么多脍炙人口的童话。

他的人格转化为作品中的光辉，在孩子们心中闪亮

金近 1915 年出生在浙江省上虞县四埠乡前庄村，这是浙东沿海一个偏僻的小渔村。金近出生时，家境贫寒，兄弟姐妹众多。12 岁时，为了活命，亲戚介绍他去上海一家布行做学徒。身体瘦弱，语言不通，加上乡下孩子见识太少，当学徒期间，他经常遭受店老板的打骂。

金近儿时只上过 3 年私塾。他的成才，完全依靠刻苦自学。离开布行后，他在上海一家儿童报刊社做小发行员，生活艰辛，但他嗜书如命，一有空就找书报来读，古今中外的，儿童的、成人的，只要是字，他都如饥似渴地读。读得多了，自己的文学素养和文字表达能力在不知不觉中提高了，他觉得自己有故事要写、可写。于是，他尝试着投稿，写了一篇又一篇，也被退了一篇又一篇。他不气馁，还是不停地写。1937 年 4 月，金近终于在《小朋友》杂志上发表了第一篇童话《老鹰鹞的升沉》，他捧着杂志，高兴得几夜都睡不着。

从此以后，他对创作的热爱一发而不可收，文章越写越好。在以后 50 年里，他为小读者写了大量题材丰富、体裁广泛的作品，但写得最多、影响最大的还是童话。

上世纪 50 年代初，中国儿童文学园地还一片荒芜，他全力为孩子们写作，他的童话《谢谢小花猫》被拍成动画片，那是新中国为孩子们拍的第一部美术电影，以后他陆续有《小猫钓鱼》《布谷鸟叫迟了》《小鲤鱼跳龙门》《狐狸打猎人》《狐狸送葡萄》《看门的大黑狗》等 8 部童话被拍成动画片，至今家喻户晓。其中《小鲤鱼跳龙门》在国际电影节中获奖，动画片《小猫钓鱼》的主题歌《劳动最光荣》直到现在还是传唱不息的优秀儿童歌曲。还有一部分童话被翻译成日、俄、英等国文字，在国际大舞台上广为传唱。

他的作品与人品，获得了众多文学前辈的称道与赞誉。冯亦代说："金近是个内秀的人，平时显得木讷，但写的小诗和童话，常常抓住我们的心。他的淳朴完全来自他的童心。"严文井说："金近的朴素、诚恳、埋头苦干的奉献精神转化为他作品中的光辉，在孩子们的心中闪亮。"

金近一生关心儿童、了解儿童，新中国成立后他先是担任中国作家协会儿童文学组副组长，"文革"后担任中国作家协会儿童文学委员会副主任。后又先后协助张天翼、严文井做了大量的组织工作，为我国儿童文学创作的发展与繁荣立下大功。

"老师，一定要教给孩子正确的文字"

1983 年，我在家乡小学当语文代课老师。有一次，同事告诉我，《小猫钓鱼》的作者金近是我们前庄村人，我兴奋极了，从一本儿童刊物上找到金近供职的单位，给金近先生写去一信。现在想来，那是一封什么信啊？！简直就是一份考题。除了开头的自我介绍外，接下来是 3 道问答题：一问金近老师是不是前庄人，如果是，记得村里哪些人，哪些地方。好像我是派出所调查户籍的。二问他有没有回家乡看看的想法。唉，想不想回家，纯属个人行为，人家根本没有必要向你报告。三问我也喜欢写故事，可就是写得不动人，能否帮助指导。人家那么忙，凭什么拿出时间和精力来辅导你？

那时，我还没完全相信金近就是家乡人，甚至从心底里怀疑这个默默无闻的小村庄真能走出如此名人。

大约一个星期后，我正在校门口值班，邮差交给了我一个牛皮信封。我一看，寄信人的地址是一行印刷好的红色楷体"中国少年儿童出版社"，后面用蓝色墨水署着"金近"两字。

啊！难道真是金近给我回信了？！我的心激动得跳到了嗓子眼，整个身子轻得就要飘起来。我冲进办公室，像中了大奖似的，扬着手里的信："金近给我回信了，回信了！"

办公室里的老师以为我中了邪，纷纷起身，用异样的目光看着我。我像进了角色的演员，不管别人怎样想，大声地念起信来："夏寿老师：您好，来信收到。我是金近，是浙江省上虞县四埠乡前庄村人……"

我读得响亮，读得旁若无人。

在这封两千多字的回信里，金近不但十分具体地回答了我的"提问"，而且还扩充了好多他对家乡的记忆，让我确信他是彻头彻尾的家乡人。他说："小时候我跟父亲到海里去捉黄泥螺。这黄泥螺可以鲜吃，也可以腌着吃，那种口味，真的称得上是人间美味。虽然我身居遥远的北方，偶尔见到商场有黄泥螺出售，我都会毫不犹豫地买来吃。我吃着家乡的味道，思念着遥远的家乡。夏寿老师，感谢您在我家乡教书，我向您深表敬意！如果您有创作上的需要，尽管向我提出，我一定尽力而为。"

有一个细节是让我记住一辈子的。那次我给金近先生写信，没写我这里的地址，金近先生在信的最后说："也许您工作太忙，您给我的来信中忘了写上寄信人地址。这对我来说没什么，我是永远记得家乡是浙江省上虞县前庄村的，但如果您以后给人家投稿，请检查有否写上自己的地址，否则人家就找不到您了。当然，这是小事，顺便提一下。"

我为自己的冒失而羞愧，更为金近先生对家乡的深情而感动。那天晚上，我无论如何也睡不着，望着宁静的星空，我似乎看到一个清清瘦瘦的老人，正伫立在北京的书房里，遥望着南方的夜空，叨念着"露从今夜白，月是故乡明"。

自那以后，我和金近先生开始了不间断的书信往来。我阅读了他寄给我的一批又一批儿童文学作品。大都是他的作品，也有他朋友的著作，诸如张天翼、严文井、陈伯吹等，每个名字都能在中国儿童文学界这面大锣上敲出震耳欲聋的响声。这些阅读，为我日后开始童话教育奠定了坚实的基础。

1986年春，我们前庄小学新盖了一排两层的校舍，还新建了校门。校长说，学校的校门要搞得有文化一点，有教育意味一些，非常希望能请金近先生为我们题字。他知道我和金近先生有书信往来，让我写信跟老人家说一说，还说他征求了乡领导的意见，可以付酬金。

我立刻给金近先生写信求字。金近先生很快复信了。首先是祝贺学校盖了新楼，为表示自己的心意，他说通过邮局给学校寄去了一包图书，请我收到后转交学校图书室，给孩子们阅读。还希望学校能否在校园里种些树，净化空气，对孩子身体有好处。最后说到题词的事，他说自己从小写不好毛笔字，允许他练练后，过段时间完成"作业"。至于酬金，哪有自己向自己家收取礼金的规矩，这个"创新"要不得。

大约过了半个月，我收到了金近先生寄给我的挂号信。信封很大，里面装的是三幅大小不等的条幅，上面写着大小不同的"前庄完小"四个字，还有金近先生的签名。字迹清秀庄重、干净利落，像是微风中挺立的劲草，工整不失活泼，三幅字都适合做学校门牌。可美中不足的是，三幅题词中前庄完小的"庄"字都多加了一点，成了不折不扣的错字。尽管校长说，在做学校门牌时，我们可以通过技术处理，把这个"庄"字改过来，但我还是把情况如实告诉了金近先生，并且多余地说，如果不改，孩子们肯定会说"金近爷爷写字也这么粗心"。

当我把这事说给老师们听后，校长担心地说金近先生怕是再也不会跟学校有任何往来了。

但没过多少天，我意外地收到了金近先生寄给我的挂号信。打开一看，是一张书写无误的"前庄完小"宣纸，还给我附上一封简短但令我终生难忘的信："何老师，我非常感谢您帮我修正了一个错字。我这个'庄'字的写法，是过去我们前庄村人的写法，现在看来完全是个错字。作为一名小学老师，一定要教给孩子正确的文字。从您的来信中，我完全相信您是一个十分严谨负责的老师。家乡的孩子会因为有您这样的老师而受益的，我为家乡有您这样的老师而自豪。"信的落款是：粗心的金近。

事后，我问过村里的老人，"庄"字加点，是我们前庄人特有的写法，那是人们出海打鱼时讨的彩头，希望鱼多一点，虾肥一点。我听后，又羞又愧，对先生的敬意越来越深。

自此以后，我和金近先生的通信更趋频繁。先生来信，必问村里变化，问到那条路，问到那条河，问到那棵老樟树，问到那些人等，当然问得最多的是孩子们读些什么书，老师是怎样教孩子读书的。1988 年 12 月，他在信中对我说，明年春天，他尽量回家乡一趟，一定要去家乡看看。我们都期待啊！

可是，天不假寿，接连两次脑溢血，金近终于没有回来。

童话的教育性是靠形象和故事说话的

上个世纪 50 年代，儿童文学界普遍盛行"儿童文学就是教育儿童的文学"，只强调教育意义，过分交代思想，忽略了艺术趣味，认为写作目的就是为了告诉小读者应该怎样，不应该怎样，把童话当作一张药方，导致了"思想概念化、情节公式化、人物干巴巴"的作品泛滥。

金近认为这是对儿童文学的曲解。他提出，童话要有教育性，但不要忘了童话是艺术，艺术是靠形象和故事说话的。忽视了艺术性，写出来的东西不生动、无趣，反而起不到应有的教育作用。童话是儿童文学中特有的形式，幻想、夸张、神奇、故事性强，我们要利用好这些特点，来塑造好鲜活的童话形象。

与单纯说教相反，当时的儿童文学界还有另一类现象，以为童话就是让小孩子玩玩、乐乐，过于强调趣味性甚至到了庸俗低级的程度。这些作品不是从爱护儿童出发加以引导，而是故意夸大孩子的缺点，以"出洋相"为快。

针对这一现象，金近在各种场合多次提出，"儿童文学作家，应当是一个教育家""如果还承认儿童文学作家就是儿童灵魂的工程师，那么就应该抱着严肃的工作态度，怀着热情关怀的心情，写出真正既有教育性又有儿童情趣的童话作品来，通过故事、通过形象，使儿童明确辨识善与恶，是与非，美与丑"。

1956 年，金近身体力行创作了传世之作《小鲤鱼跳龙门》。当时国家正处于前两个五年计划的交替时期，各条战线掀起了建设社会主义的高潮。金近在参观水库时得到启发，通过几条小鲤鱼找龙门、话龙门、跳龙门的情节，写出了当时人们建设社会主义的饱满热情。在创作过程中，金近始终把握童话的特性，把幻想性、现实性和小鲤鱼的生活习性自然地结合起来，突出了童话有趣、夸张、浪漫的色彩，故事一登出来便受到广大孩子的热烈欢迎。

金近描绘了横跨河面的大桥、新建铁路上飞驶的火车、插满红旗的水库，然而在小鲤鱼眼里却成了龙门、大龙……小鲤鱼们天真的想法，使人读起来流畅、自然、贴切。

冰心先生读了金近的童话，这样说："金近所用的话都是最通俗的儿童语言""可以说我们写儿童文学的，最成功的就是金近"。

1989 年 7 月 9 日，金近在北京逝世。冰心含泪为其墓碑题词：你为小苗洒上泉水。

作者单位系浙江省绍兴市上虞区金近小学

原载于《人民教育》2016 年 18 期

第二辑

把教育当作兴趣事

马云：一个"差生"的成长记录

冀晓萍

他缔造了一个电商帝国，帮助成千上万的小企业主和数亿客户找到彼此。他开拓出崭新的市场，创造了前所未有的工作机会。他在中国富豪排行榜上名列前茅，也是"2014 大中华区最慷慨的慈善家"。

在杭州的一所中学校园里，一个学生被通知：因为打架记过太多，必须转学。为了上高中，这个学生考了两年。他踌躇满志地想考上北京大学，但高考数学只考了 1 分，考了 3 次才考上一所不起眼儿的大学。

这两个人，实际上是同一个人：马云。在这个曾经的"差生"身上，我看到了一种无法阻挡的力量，然而，这种力量却是教育不曾看见的。

他的"倔强"和"自我"足够强大

马云出生在 1964 年的杭州。爷爷抗战时做过保长，解放后被划为"黑五类"，这个阴影笼罩着家庭。为这个新生儿取名"马云"，就是希望他以后乖巧懂事，少惹是非。然而，众望愈重，似乎儿时马云的叛逆和倔强就愈加张扬。加上他识字早，打小就爱读金庸的武侠小说，他崇拜那些除暴安良、打抱不平的英雄人物，并在青少年时期伺机践行。

因为身体瘦小，别人总想欺负他、挑衅他，马云从不惧怕："打得赢要打，打不赢也要打。"这种一往无前的强悍气势，让那些高大威猛的孩子也对他避让几分。

但他解释说："我常打架，但是不爱打架。"他很少为自己打架，频频出手是为了保护朋友免受欺负。此时，马云重情重义的性格逐渐显露，这成为他日后凝聚团队的重要力量。

提起今日的成功，马云说："是童年的那段时光造就了今天的我。"未来在昨天就已经撒下种子，但幼时马云的精神世界并没有进入教育者的视野。

家长和老师们看到的马云是这样的：头破血流是常有的事，甚至警察找上了门；学习成绩差，数学往往不及格，有一次甚至考了1分；因为打架记过太多，马云被迫转学，但转学后的马云继续践行他的"英雄路"，毫无"悔改"之意……他们得出一个结论：他的人生不再有希望。

试想，如果他当时屈从于大人的期待，或许家长能满意，老师能高兴，只是不知道，还有没有今天的马云。所幸，他的"倔强"和"自我"足够强大。

上大学后，已经不需要通过打架来解决问题了。马云把那份情义倾注到学生会工作中，尽其所能地帮助同学解决各种困难。

有一次，有个同学学习成绩很好，却犯了小错被取消考研资格，面临分回农村的命运。马云花了两天时间找班主任、系领导甚至院领导，最终说服他们恢复了那位同学的考研资格。事情过去了，马云也就忘了。想不到，十年之后，当他正处于艰难之时，这位同学主动找到他并"涌泉相报"。

他以英雄的标准要求自己，正义感、勇敢、善意、坚毅……这些人性美也在塑造着他的人格，并为他聚集了一群肝胆相照的追随者，其中很多是了解他的同事和学生，如韩敏、周悦红等，他们组成了创立阿里巴巴的"十八罗汉"。

因而，20多年后，当马云在多个场合声称："天下没有人能挖走我的团队。"客观地说，这不是狂妄，而是对事实的陈述。

与其说命运想再给他机会，不如说他善于汲取隐含在环境中的正能量

少年马云考了两年才考上一所极其普通的高中，其中一次数学得了31分；第一次高考，数学只得了1分，第二次考了19分……这三份大考成绩单，能准确反映他的学业水平：学习成绩差，偏科严重，数学差得一塌糊涂。

他的数学老师曾绝望地说："马云，你的数学真是无可救药，如果你能考过60分，我的余字倒着写！"

在第一次高考成绩面前，马云充满了挫败感。他跟表弟到一家酒店应聘服务生，结果表弟被录用，自己惨遭拒绝，老板给出的理由很简单："我们酒店需要的是相貌端正、身材高挺的服务员，可你又瘦又矮，长相嘛，我也不说了。"

说起马云的长相，美国《福布斯》杂志曾经这样描述他："颧骨深凹、头发扭曲、露齿欢笑、顽童模样、5英尺高、100磅（约91斤）重。"

马云无语：难道长得难看也是我的错？在马云的求职生涯中，因为长相被拒，至少有两次。后来他做过秘书、搬运工人，再后来，不得不通过父亲的关系，蹬三轮送书。

如今，马云已经成为中国首富，被年轻人膜拜为"创业教父""电子商务之父"。在"2004CCTV年度经济风云人物"颁奖典礼中，马云笑称："男人的长相往往和他的才华成反比。"应该说，是长相带来的挫折，成就了今天的马云。

命运在马云最需要的时候指引了他。在蹬三轮的某一天，马云在火车站捡到一本路遥的《人生》。书中的主人公高加林有才华、有理想、屡次被命运捉弄却不屈服，始终坚强而勇敢地活着。

书中有一段话：人生的道路虽然漫长，但紧要处常常只有几步，特别是当人年轻的时候。没有一个人的生活道路是笔直的、没有岔道的。有些岔道口……你走错一步，就会影响人生的一个时期，甚至会影响一生。

这段话激活了马云深埋在心里的理想和勇气，他决定重新参加高考，抓住人生中重要的这一步。

1983年，19岁的马云在第二次高考中再次失败。尽管数学成绩从1分提到了19分，但录取线还是高不可及。这让本还抱有一丝希望的父母都觉得：马云实在不是读书的料。他们一再劝马云："你就彻底死了上大学的心吧，好好学门手艺，饿不着自己就可以了。"于是，马云又开始骑着那辆破旧的自行车，穿梭于杭城的大街小巷。

与其说命运想再给马云机会，不如说马云善于汲取隐含在环境中的正能量。上世纪80年代初，日本励志电视剧《排球女将》热播，主角小鹿纯子"永不放弃"的精神，又一次激励了马云。他不顾家人的极力反对，开始复习准备迎接自己人生中的第三次高考。因为家人不支持，马云只能白天上班，晚上念夜校。每周日，他早起赶一个小时路程到浙江大学图书馆读书。

1984 年，20 岁的马云走出考场。这次，他的数学考了 89 分。他考前用了最笨的办法，把每种题型都背了一遍。可即便如此，他的总分离本科线还差 5 分。这时候，命运垂青，由于英语专业招生指标未满，部分英语优异者获得升本机会，马云被杭州师范学院破格升入外语本科专业。

经历了 3 次高考之后，马云承受得起后来一次次创业的失败。

回想起那个时候的自己，马云感慨万千："一个人一定要有理想考上大学，一定要有理想在大学里待 4 年。一个人最需要学习的其实不是知识，而是学习的能力。"

这种"永不放弃"的信念，成为后来阿里巴巴成功的核心理念，也一次次让马云的事业绝处逢生。人们请他谈创业的秘诀，他经常说的话是：

"我永远相信，只要永不放弃，我们还是有机会的。"

"永远不要跟别人比幸运，我从没想过我比别人幸运，我也许比他们更有毅力，在最困难的时候，他们熬不住了，我可以多熬一秒钟、两秒钟。"

如果我能成功，80% 的人都能成功

2015 年 3 月 15 日，有一段视频在微信上疯传，在德国汉诺威消费电子、信息及通信博览会的开幕式上，马云作为全球唯一受邀企业家代表用英语作主旨演讲。随即，国内多个热门英语学习网站将其演讲作为视频和语音资料供网友学习。而此前，面对 BBC 等世界各大媒体采访时，马云都能应对自如。

马云的英语怎么会那么好？

上世纪 80 年代，体罚在家庭教育中很普遍，脾气火暴的父亲，恨铁不成钢，常对马云拳脚相加。英语给了马云宣泄和反击的武器："爸爸骂我，我就用英语还口，他听不懂，挺过瘾，就学上了，越学越带劲儿。"

马云英语学得好，还跟他一位地理老师密切相关。这位女老师长得漂亮，大大的眼睛、白皙的脸庞。她教学方式独特，讲课让人如沐春风，大家都喜欢她。不爱学地理的马云也开始认真听课，学习成绩突飞猛进。

有一次，这位老师强调地理的重要性时讲了一个故事：她在西湖边遇到

几个外国人问她关于中国地理的问题，她用英语流利作答。老师总结说：如果地理学不好，外国人问你中国地理知识，你答不上来，岂不给中国人丢脸？谁料，这句话竟意外地触发了马云学好英语的决心：如果英语都不会说，岂不更给中国人丢脸？

那一天，12岁的马云兴冲冲地买了台袖珍收音机，从此每天听英文广播。外语学习最难的就是张口说，马云就跑到外国人聚集的西湖边，有外国人经过时，就"厚着脸皮"主动上前交流，有时还免费给外国游客当导游。无意中马云还结识了一对来自澳大利亚的中年夫妇。他们对马云讲述了国外经济的迅猛发展。这向马云打开了一扇门，使他学到了课堂上学不到的知识，一些经济意识和创业理念开始在他头脑里萌发。

一段时间后，马云的英语进步神速，老师和同学们甚至赞他是英语奇才，一些外国游客误以为他是海外归来的小华侨。

马云自嘲说："我从小是一个傻孩子，大愚若智，其实很笨，脑子这么小，只能一个一个想问题，如果谁连提三个问题，我就消化不了。"但从他学英语这件事来看，他有方法，有智慧，有勇气，实乃"大智若愚"。

进入大学后，马云不再是那个"无药可救"的"差生"，变成了品学兼优的好学生。

他凭借出色的英语稳坐外语系前五名。轻松的学习之外，他在各种社团中相当活跃，顺利当选学生会主席，他在任时，杭州师范学院的学生会工作被打理得井井有条。学生会每年的活动经费只有150元，马云用有限的这点钱举办了很多精彩的活动，无形中锻炼了他的领导、协调能力。后来还担任了两届杭州市学联主席，附近学校的人都认识他。

英语就像一根魔法棒，牵引着马云实现了一次又一次跳跃：因为英语好，他才进入了杭州师范学院外语系，才能在毕业后来到杭州电子科技大学担任英语及国际贸易专业的讲师，才能创办海博翻译，才有机会去美国接触internet，也才有了后来的阿里巴巴。

他不只英语学得好，而且也教得好。当教师时，马云提倡与学生之间互动，他的课轻松愉快，常常引得别班的学生来蹭课。同事们开课都不得不避开马云上课的时间。更可贵的是，马云特别关心"差生"，在他的班里，原来英语薄弱的学生最终都能用英语流利表达。

许多年后，马云说："我自己觉得，算，算不过人家；说，说不过人家。但是我大学过得很成功，创业也成功了——如果马云能够成功，我相信 80% 的人都能成功。"

原载于《人民教育》2015 年 10 期

看到心灵伟大的教师和值得崇拜的孩子

沈茂德

作家刘墉说:"你可以一辈子不登山,但你心中一定要有座山,它使你总往高处爬,它使你总有个奋斗的方向,它使你任何一刻抬起头都能看到自己的希望。"

这些年,我带着敬畏之心,全身心投入工作,不敢有丝毫懈怠,朝向的就是我心中的高山:做前人未做的事情,把前人做过的事情做得更好,把江苏省天一中学办成人民满意的学校。

向平凡而又伟大的教师"学艺"

1975年,我高中毕业。因为"家庭成分高",虽然从小学到高中我都是班长,成绩、表现都不错,但终与"推荐上大学"无缘。

临毕业,班主任善意地对我说:"沈茂德,你就安心在农村工作吧,争取做个农技员。"

于是,在广阔蓝天下,头向地、背朝天,我安心务农,一干就是3年。其间,被推荐上大学的"贫下中农子女",常常临时抱佛脚请我辅导。无非"老三篇"怎么划分段落,怎么归纳中心思想,写几篇口号连天的读后感,我内心酸涩不已。

幸运的是,邓小平同志复出。田头广播中听到恢复高考的消息时,我怦然心动。更幸运的是,高中时的"老夫子"(我们同学间对恩师的称呼)吕进人老师还牵挂着我们。他原为当时江苏师范学院哲学系的主任,上世纪50年代被划为"右派"后发配回老家教书,虽满腹经纶,但因时有"怪言奇语",终不得重用。但在学生们眼中,他是"百事通",常见他叼着烟,一杯茶，一部厚厚的书，念念有词，颇有仙风道骨之风。正是这位蹲过"牛棚"、几十年依然孤身一人的师者在得知高考恢复后，慨然兴起，招来他认可的"可教之材"，不收分文，在简陋的宿舍里办起了"高考辅导班"。文、史、地、政，他一人包揽，采用"孔子讲学"与"苏格拉底思辨"相结合的方式讲授。

没有一本教科书或辅导书，更没有成套的讲义，就在简简单单的"对话"式教学辅导后，我们匆匆走进了考场。他的"私塾"教学很成功，十多位"农民"走进了大学。后来聚会，我们这些徒儿常赞其"办学"有方，他仰天大笑，其乐融融。至今，谈起已仙逝的吕老，众多徒儿常泪眼汪汪。

在当时的南京师范学院，授课的教授名单里有毕业于剑桥大学的地理学家李旭旦先生，还有陆濑芬、单树膜等教育名家。

我始终记得李旭旦先生的教诲："你们是师范大学地理系，不要去渴求成为地理学家，但要努力成为地理教学家。"这样的教育在今天仍是极为深刻的。

1982 年，我毕业后到江苏省梅村高级中学担任教职。今天，我还时常会想起那些平凡而伟大的教师。

那时，梅村实验小学与梅村中学只有一墙之隔，有位特级教师叫滕宇翔，我多次聆听他的讲座。儒雅而精于研究，读写功夫了得，这种学者型教师独有的行为特征为我树立了成长的标杆。

梅村中学特级教师郑志远是教务主任，后任校长。常见他巡视校园、深入课堂听课，永远那么精力充沛。他上课那么洒脱、从容，一节课的板书从左写起，写到右下角时下课铃声会精准地响起。今天的教师习惯于敲键盘，难见那样的板书大师了。看他的备课笔记，清清楚楚，每个图标都尽显敬业和精致。

梅村中学是寄宿学校，学生每月回家一次，班主任没有周末，没有加班费，陪伴学生好像天经地义；在学科组长看来，组织教研活动，编制讲义，辅导青年教师，是职责。那时候，没电脑，没打印机，编写讲义靠的是钢板、蜡纸、手推的油印机，刻一张讲义至少得一个小时。有位语文老师叫华章，刻得一手好字，好多学科的老师都请他做"义工"。他从不推辞，还把它视作幸福的"艺术创作"，会在讲义的边角上缀上几朵小花装饰。

他们，在今天的好多人看来"真傻"，但这是那个时代教师的真实缩影。多年后，梅中同学聚会，大家都说："那个年代的教师没有钱，但那个年代的教师不讲钱。"

学校安排我教高一。两周后，学校组织"拜师结对"，师父叫张宇平，人瘦且极为精神，他见到我也很瘦，喜称"师徒匹配"。

张宇平老师并非地理科班出身，但其通过函授、自学，不仅熟悉高中地理教材，还在教学实践中形成了自己的教学风格。他治学严谨，常为一两个问题查阅大量资料。自从收下我这个南师地理系的本科徒弟后，他把我视作可以共同研究的同事。他多次对我说："教学经验你肯定不如我，但专业上，特别是自然地理你肯定比我强，咱俩多交流，相互帮助。"说得我心头热乎乎的。那时的张老师已50多岁，每天晚饭后总早早地坐到办公室，戴着一副老花镜，认真地批改作业、精心备课。师父的谦虚、严谨、投入，深深地感染了我，我暗下决心：好好向张老师学习，做个好老师。

谁知，工作才两个月，张老师严重的颈椎炎发作，几次昏倒在高三讲台上。他还想坚持，但终究力不从心。学校让我转教高三。面对如此重担，我心虚：毕竟我才上岗两个月啊。满怀忐忑，我硬着头皮走进了高三教室。

那时，我比学生大不了几岁，教学几乎零经验，几堂课下来，学生们议论纷纷。我连跑几次新华书店，寻找复习指导书，但资料极少。张宇平老师把他积累的所有资料都毫无保留地给了我，但我尚未教过一轮高中，对高中教材不熟，怎么指导高三复习，真是一筹莫展。但学校的高中地理教师仅我和张老师两人，怎么办？

听到学生们的意见，教务处分管副主任连续听了我一周课，并与我长谈。他态度和蔼，但我完全听懂了他对我的教学设计、教学方法、作业安排等方面的诸多不满意。当时的我，真是寝食不安……

幸运的是，无锡县高三地理教学工作会议召开，我一下认识了好几位县内各中学的地理教研组长。此后的两年多，我骑自行车穿梭于几所学校之间"学艺"。这些学校，最近的要1小时车程，远的将近3小时。但决心给了我动力。我一直心怀感激，这几位长辈收下了我这位"编外徒弟"，向我敞开教室，无私地送我资料，一次次地回答我的教学疑问。

我自己也暗下决心，一定要胜任高三教学，绝不能因我而让一些学生失去深造的机会。从此，我告别了一切娱乐活动，利用业余时间跑遍市内的书店，想方设法邮购、征订、租借各种教学指导书、理论书籍和杂志，认真阅读并做好摘记。每天夜里我都在 11 点后休息。我常外出求教听课、索要资料，市县范围内优秀地理教师的课我几乎都听过，得到了他们大量的帮助。同时，我也常虚心听取学生意见，改进教法，调整教学内容。

渐渐地，大家开始认可我的教学效果，我的教学风格被省评课组誉为"讲授形象生动，分析通俗易懂，推理严谨清晰，课堂教学效益较高"，学生喜欢听我的课，也听我的话。我用行动和教学效果证明了自己：连续 12 年高考成绩领先；县、市、省评课获得一等奖；发表 10 多篇教学论文；记不清多少次来人来信索要资料、讲义、听课或邀请我作讲座。

责任感和敬业态度是"从心里长出来的"

转眼之间，我在天一中学的校长岗位上已有 20 年。

从新上任的激情校长到总有困惑的反思型校长，从忙碌的行政型校长逐渐走向理性的思考型校长，这大约能概括我的成长过程。

刚上任时，我问自己：作为校长，我能为天一中学做什么？

我把课程建设看作最重要的工作之一，因为丰富的课程资源关系着孩子的个性发展。在我的极力推动下，学校创办了"资优教育中心""AP 课程教育中心"，在江苏率先为科技特长生专门配置了 16 个创新实验室。设立了"名人课堂"，诺贝尔医学奖获得者布鲁斯·博伊特勒教授、搜狐张朝阳、神六副总指挥秦文波等近百位知名人士都走进过天一中学。我设法为学生联系高校、高新企业，开设了 10 多门大学先修课程（在全国属第一批）、创建社会实践基地。

从"学生社团"到"天一科学院"，从中学选修课到北大先修课，从"聚焦课堂"到"拔尖学生培养"，慢慢地，天一中学的超常教育、国际教育在全国乃至国际都形成影响。其中，创新人才早期培养项目获省基础教育改革成果特等奖，天一科学院——自主学习模式获首届国家基础教育改革成果一等奖。

今天，天一中学兼具北京大学"中学校长实名推荐"、清华大学"新百年领军计划"校长推荐、多伦多大学"绿色通道"校长推荐资格，每年要接待几百批次、上万人次的教育代表团，每年有30多位校长来校挂职……

常常有人问我：你怎么做到的？

也许可以这样回答：你若真爱孩子们，你若痴迷般地挚爱校园生活，你就会看到校园生活的美丽，看到心灵伟大的教师和值得崇拜的孩子，还会看到理想教育与现实之间的矛盾和距离，就会自觉去改革，去探索，去创新。

对学生的爱，要关注细节，做好关乎"爱"的冷暖之事。

长期以来，我坚持每周批阅一个年级的学生周记，孩子们在给我的来信中都是以"您的一个孩子"落款的。

这么多年的教育跋涉中，越来越多的光环围绕着我：享受国务院政府特殊津贴、全国劳动模范、江苏省333工程培养对象、教授级高级教师、江苏省特级教师、江苏省突出贡献中青年专家……但我常常告诫自己：校长之特，不在于位高权重，而在于其职业特性。一个优秀的校长必须超越物质和名利的羁绊，坚定信仰和对孩子的爱。否则，如何能对别人的孩子滋生无限热爱，如何对淡泊的校园生活产生无限眷恋并全身心投入？

我对自己的要求是：只要孩子们在校，我就必须在校，一起出早操，一起吃食堂，一起夜办公。我定期召集不同类型的孩子交流，为他们的失落和迷茫点灯，鼓励优秀学生积极进取，帮助贫困学生走出困境；我经常与家长交流，和他们一起探讨孩子成长过程中出现的问题。孩子们的心是真诚而敏感的，校长做了什么，他们都看在眼里，记在心里。

但只有爱和关心是不够的，提升专业能力和自我成长能力，我才能给学校、给孩子们更有价值的指导。外出学习考察，无论走到哪所学校，无论参加哪种会议，每一次市、省、国家级校长培训，我总是虔诚地听记，笔记本、手机、相机、电脑等都成了我即时即地的"记事本"。过后拿出来，面对某句话或某张照片，常会"恍然大悟"。读写学研是我的生活方式。

想得越多，写得也就越多。这些年，我参与了《给校长的101条建议》、"超常人才教育丛书"等书籍的编写，出版了《播种者的期盼与困惑》《窗内窗外》《教育，真的不能简单》《家庭教育是什么？》等书。在各种报刊发表的稿件以几十万字计。

有人关心地劝我休息："你这副排骨还要不要了？"还有很多人称我为

"工作狂"。我常常有健康透支的感觉，也渴望能松懈一下。但一投入工作，就忘了一切。我每天工作 14 小时成为常规，没有节假日，在校园内转上几圈是我最大的休闲。

但我的工作热情不受制于外部规约，而是确确实实心中有梦，责任感和敬业态度是"从心里长出来的"。

然而，要办好一所学校，又岂是我一个人的力量能做到的？

学校畅通了教代会、学校理事会、家长委员会、行政干部周报表、校长小助理、校园网咨询平台、校长信箱等多种沟通渠道。2012 年，我主持制定《绩效工资方案》时，与全校 100 多名教师面谈，反复酝酿，在正式实施时矛盾很小。每天，我都会到各办公室转一圈，了解一些情况，解决一些问题；每周，会有计划地找十几位教师谈心。

专业上，每学期我至少邀请 10 多名知名专家学者来校作讲座，创造机会让教师"重回大学"。生活上，我想方设法帮助教师解决就医、婚姻、子女上学、家属工作等问题。教师遇到困难，都愿意来找我。

英国赫特福郡教育代表团的校长们来了，他们感叹："中国的学校真漂亮！"

是啊，美的不仅是经过长期建设的校园，还有勤奋好学的 3000 名学子，300 名真心关爱学生的教职工。

把学校设计成一本立体的书

2001 年，为设计新校区，我去浙江考察。几所投资数亿的学校给了我强烈的感官刺激。我惊叹于浙江的经济繁荣，更感佩当地发展教育的战略眼光和投入的大气魄。但回校后，我心里挥之不去的却是浙江省上虞春晖中学的老校区。一片波光粼粼的湖泊，一座葱绿的小山，青瓦白墙，天井小院，一排朴实甚至土气的民居白底黑字写着：李叔同故居、丰子恺故居、夏丏尊故居……一箪食、一瓢饮，居陋巷，纵论文化，田园诗般的精神生活，文化气息扑面而来。

在中国，许多校园有绵长的历史。有祖荫的学校令人羡慕，但年轻学校同样应该重视校园设计中的文化创造，这样才会有后人的福荫。

2003 年，天一中学准备易地重建新校区。在规划和设计阶段，经过多次研讨，我们明确提出了新校区的建设梦：把"生态公园""温馨家园""文化圣园""数字校园"融进了校园设计、建设和渐进渐行中。

10 多年来，我们不断"柔化"校园。"天一"校名源自"天一生水"，我们挖湖蓄水，30 多亩的映天湖像一条彩带蜿蜒于校园之中，湖上架桥三座，湖中养殖锦鲤、鲤、草、鲫等地方鱼类，湖畔放养天鹅、野鸭等水禽。临湖早读、沉思，赏心悦目。

我们与无锡多所公园及省内高校合作开启建设"江南植物园"。10 多年后，今天的天一校园郁郁葱葱，300 多种树木竞相生长，柑橘、枇杷、梨、石榴、枣、杨梅等果林硕果累累，牡丹、玫瑰、山茶、月季、菊花等花卉园争奇斗艳，林地下，板蓝、三七等近百种中草药渐成规模。

"柔化"的校园融入孩子们的每日生活和学习中。学生社团创立了春天樱花节、夏季收获节、秋天菊花节三大校园主题活动。学校发展为省生态校园课程基地。

校园还应该充满书香。我们努力打造"天一书院"。在营造书院物化环境的基础上，我们建设了 N 个开放式图书馆，让书籍遍布每栋教学楼的大厅、走廊。每逢课余周末，展卷而读，怡然自得。

我们的所有努力都是要让校园回归本真：学校应该是一本立体的书，在常态浸润中，孩子们自然、自由、自主地幸福成长。

新生入学，我们会组织学生参观校史馆，让学生了解学校的底蕴与文化，以代代名校友为现实榜样；参观学长自习课，感受什么是投入与专注；参观校园、欣赏优美校园环境，体会自己对美丽校园的责任……

有一年高考结束后的第二天早上，我一如既往地巡视校园。走到天一湖的木桥边，看见一位女学生静静地伫立在桥上，我走近一看，这孩子双眼饱含泪水。我一惊，急问："孩子，怎么回事？"这位女学生泪珠滚滚而下，抽泣着说："校长，没事，我是高三的，就要离校了，我只想再多看一眼学校。"

作者单位系江苏省天一中学
原载于《人民教育》2017 年 06 期

钟秉林：把教育当作兴趣事

冀晓萍　薄文婷（实习生）

电梯门徐徐打开，钟秉林先生已立于眼前微笑迎接，入室让座倒水，耐心倾听……

没有教育学会会长的"威"，也没有大学校长的"严"。使人隐隐觉得，他有些不一样。

一番对话之后，我们渐渐明了：若真心热爱教育，骨子里自会多几分真诚。

对农村孩子进行高考政策补偿，是天经地义的事

针对现在中央出台的重点大学单招农村学子计划，有些人不理解，认为会造成新的教育不公平。钟秉林认为："农村孩子不是不刻苦、不努力，也不是不聪明，是受地区经济社会发展水平和文化教育水平所限，他们没能从小接受到和城里孩子一样的教育。"

"在高考中对农村孩子进行政策补偿，是天经地义的事，要促进教育公平、社会公正，必须那么去做。"

钟秉林生于北京，是地地道道的"市民"，如果没有那四年的插队生活，或许他对农村教育就不会如此深情。

1969 年，少年钟秉林初中毕业后，响应国家号召，奔赴陕北延安插队。钟秉林说："插队其实就是就业。当时的想法非常纯朴，就是要到农村接受贫下中农再教育，然后在农村安家落户。"

他插队的村子叫武家塬，站在黄土高原上，他看到了城乡的差距："那个地方实在是太苦了，每天天刚亮就得起来干活，晚上得干，冬天也得干。我们住在山上的窑洞里，吃水要到山下的河沟里去挑，山高坡陡，两满桶水回

来时只剩下两个半桶。遇上雨天路滑，还得带把铁锹，先刨坑，再往前挪。"

那里的"苦"成为钟秉林后来一生的财富："现在工作，再苦再累，熬夜加班，和那时候比只是九牛一毛，根本算不了什么。"

高强度的体力劳动能磨炼一个人吃苦耐劳的品质，但极度的疲惫也能消磨一个人的抱负。"当地百姓没有文化，每天就过着面朝黄土背朝天，日出而作日落而息的生活"，钟秉林回忆，很多曾经立志要在农村大天地大有作为的人，也渐渐淡忘了最初的梦想。

虽然不知道未来在哪里，但钟秉林觉得："将来国家还是要发展建设的，还是需要知识的。"到了夜晚，已是鼾声阵阵，钟秉林在疲惫中挑起昏暗的煤油灯复习功课，这段积累为他后来考上南京工学院继而留校任教以及后面一系列的人生改变埋下了伏笔。

"当温饱、生存问题成为人的第一需要时，人与人之间的矛盾、名利都成为身外之物，反而更容易相互理解、相互宽容、相互支持。"这种刻骨铭心的感受对钟秉林的影响是深远的，后来到学校，到教育部，到学会，他首先想的是"怎么样把人凝聚在一起，把大家的积极性调动起来，能够开心地去工作"。

在武家塬的四年间，钟秉林第一次与教师工作结缘：村小缺老师，他就半天劳作、半天上课地当起了代课老师。"那时是复式教育，四个年级在一个窑洞里上课，那一双双眼睛，真的是'求知若渴'。"站在简陋的教室里，钟秉林明白，教育是这些孩子改变命运的唯一途径，然而当时的乡村教育能给予他们的并不多。

"即便到了今天，先不谈师资，中西部农村地区的硬件条件的确有改善，但跟国家的标准和要求相比还差得很远。如果教育决策看不到城乡差距，谈何教育公平？"

学校品质是在长期办学过程中，在一代代校长的努力下形成的

钟秉林看重教育公平，但他反对以教育公平的名义搞教育的"一刀切"："公平不等于平均，而应该是尊重差异，尽量让每个学生接受适合自己的教育。"

钟秉林初中是在北京四中读的，回忆那段时光，钟秉林眼带笑意："那三

年学得开心、玩得也很开心。"

"那时候，学校考虑的是学生的兴趣，是学生的全面发展，没有什么功利性。我们没有考试压力，该考试了就考，没觉得有什么大不了的，更没有考虑到将来还要中考。我看高二、高三的学长也很轻松。"

"学校组织的课外活动特别多，各种兴趣小组、俱乐部。非学科类活动非常丰富，诗社、演讲、体育等，每个人都能找到自己喜欢的活动。每周末还有半天的社会活动，步行到郊区农村去干农活、砌猪圈，什么都干。"

反观今天，钟秉林说："一些学校不在乎学生差异、区域差异，采用大批培养、'一刀切'的教育模式；一些家长不考虑孩子的兴趣、个性和特长，盲目攀比，为了所谓的未来竞争优势，实行高压训练模式，这是教育的本末倒置。"

"听说某大学为了让足球进学校，把搞了多年的大学生篮球联赛取消了，这违背了足球进校园的初衷。"

"这些现象的背后是教育的功利主义，并不能真正调动学生对健身的积极性。"

钟秉林认为，40多年前的这些做法，留给今天教育人的不仅仅是办学理念、具体的经验和做法，学校发展轨迹和教师水平都能给今天的办学带来启发：

"那时候，一所学校要得到社会的认可，不是靠行政力量给你专门组织生源、增加投入，而是在长期办学过程中，在一代代校长的努力之下，形成良好的校园文化和社会声誉。"

"那时候有一批非常优秀的教师在中学勤奋地耕耘，有一批数理化老师水平很高，完全可以跟大学教授媲美。"

培养研究型教师，去做一些其他学校做不了的事

钟秉林的名字后面有一大串头衔，但他最在乎的是"教师"。

1977年，钟秉林于南京工学院（现东南大学）机械系毕业后留校任教，因为成绩突出，两次被学校派赴英国留学。1994年，钟秉林不仅拿到了威尔士大学的博士学位，还在国际刊物上发表了高质量的学术文章。

他回想："那时候就想搞学术，搞业务，不想做管理。"孰料，回国后，钟秉林即被任命为东南大学副校长，两年后又奉调进原国家教委任高教司司长，成为当时最年轻的司长。

做司长5年，钟秉林正赶上高校改革的关键期，高校管理体制改革、扩大招生规模、教育教学改革等轰轰烈烈。大量的调查研究让他对高等教育有了既系统又宏观的认识："如果没有这5年，从理工大学出身到北京师范大学这所文理综合大学，我是不敢去的。"

2001年，来到北师大，钟秉林形容这一转型是教师职业的"归位"。那时候，北师大正处在发展的十字路口：师范性、学术性、综合性路线，哪一条更适合学校发展，众说纷纭。

钟秉林认为，北师大要在保持自身优势和特色的基础上实现时代转型，就必须明确未来教师发展的方向。他带领师大团队走上了一条"培养研究型、探究型教师，满足社会对教师的高端需求"的新路。

钟秉林主张："其他师范院校、综合大学都能做到的，北师大就不做了，去做一些别的学校做不了而市场又需要的事。"

从今天来看，十几年前的这个选择是有先见之明的。而北师大的学生今天也的确成为各地各校的"高端需求"。

当北师大校长时，钟秉林喜欢"逛"校园招聘会，他不担心本校学生的就业，而是想从这些招聘对话中捕捉教育一线对教师能力需求的最新信息："学校招聘人员很有经验，他们不一定非得从师范大学选择教师。只要毕业生素质好，有发展潜力，配合职后教育，很快就能成为合格教师。"

"高中应试教育直接过渡到师范教育，是有待商榷的，"钟秉林主张，教师在培养时要尊重学生的选择和兴趣特长，"在北师大，除了国家定向的免费师范生外，不再区分师范、非师范，所有学生一起上课。如果愿意当老师，就去选修教育教学课程，将来参加职业培训考试，谋取教师职位；如果想在学术上发展，可以考硕、考博、出国留学等，进行多样化选择。"

在教育教学课程的建设中，"我们注意引进中小学名师、名校长担任兼职教授，对学生进行职业道德教育，带来鲜活的教育实践经验。"

人生的每一次转向，都给钟秉林带来了更宽广的天地。2012年，由于年龄原因，钟秉林离开北师大，担任中国教育学会会长一职。此时，他面对的，不再是高等教育，而是整个中国教育系统。

"现在教育改革进入深水区，涉及的群体多、利益诉求多，相互间有差异甚至相互冲突。当前，必须强调顶层设计和系统研究，高教和基教、学前教育必须协同改革。"

为此，钟秉林和他的教育学会团队站出来，通过校长论坛或教育沙龙等多种形式把大中小学聚到一起，共同谋划教育改革。

"要正视问题，综合改革、系统改革需要每个人的努力。"钟秉林认为，未来任重而道远。

原载于《人民教育》2016 年 09 期

朝拜母语教育的圣殿

黄厚江

去西藏，去宁夏，去川西，常常看到这样的情景：一个个信徒，一步一磕首，一个一个长头"走"向心中的圣地，每一个动作都十分虔诚。

每当看到这样的情景，我就心生敬畏，也常常觉得自己和他们有几分相似。近40年来，在母语教育这条路上，我一步一磕首地前行，盼望着有一天能登临母语教育的圣殿。

把自己的心献给母语教育

尽管当初是由于命运并不精心的安排，我做了语文教师。但我既然接受了这个角色，就从未懈怠，毫无保留地把自己的心献给了母语教育。

我不止一次在公开发言中说："让我们热爱语文吧！"我说：语文是一项很值得我们热爱的事业。母语是我们民族精神、民族文化最主要的载体，母语还是我们每个人的精神家园。语文让我们的生活美好、精神高贵、人生精彩。

正是由于对语文的热爱，我才能几十年心无旁骛，潜心耕种于这块土地，才能在命运给我一次次机会让我离开课堂的每一个路口时，最后选择了坚守。年轻教师问我如何能在语文教学中有所建树，我都是说：热爱语文。只有真正热爱语文，你才能沉下心来研究语文；只有真正热爱语文，你才能抵制住种种诱惑，不离不弃；只有真正热爱语文，你的学科研究才不是仅仅为了那些虚浮的功利；只有真正热爱语文，你才能发现语文的美丽，享受语文的幸福。

正是由于对母语教育的无比热爱，我才能几十年来始终不断修炼自己。

我深知自己的起点太低，深知自己远远不能满足教学的需要和学生的需要。所以从1980年走进语文课堂起，我从未停止过自己的修炼。我常常晚上和学生一起上晚自习，读书写作，提高自己的专业素养；我读刊大读函大，弥补自己没有真正进过大学的缺陷；为了填补古诗文素养的匮乏，星期天我在学校附近的田野里诵读《离骚》，背诵"大江东去"，就在临近退休的这几年，我一遍一遍地读《论语》，前年出版了专著《论语读人》，今年刚刚出版了长篇小说《红茅草》。我知道我的专著功底很浅，我知道我的创作非常幼稚，但我并不是为了做学问，也不是为了当作家，我是在做一个语文教师该修炼的功课。

我不止一次与学生说过：等黄老师走了，请你们记得在我的墓碑上刻下一句话——这里躺着一个热爱语文的人。我不知道自己是否当得起这句话，但这句话发自我的内心。我努力去做一个语文教师该做的一切，我努力做好一个语文教师能做的一切。

让学生爱上我们的母语

一个语文教师应该毫无保留地热爱母语，但这是远远不够的；一个称职的语文教师，应该让自己的学生深深爱上我们的母语。

很多年轻语文教师会拿着我的书让我写几句话，我写得最多的一句话是：让学生热爱语文是语文教师最大的责任和幸福。

我常常对语文教师们说：让学生考出好成绩是我们应该做的事，但如果你的学生从此不喜欢语文了，不喜欢读书了，不管学生的考试成绩有多好，你都是语文的罪人，甚至是民族的罪人。

刚刚工作的时候，我就为自己确定了一个并不远大的职业理想：做一个学生喜欢、领导信任、家长放心的语文教师。在三个要求中，学生喜欢是根本的要求。如何让学生喜欢呢？首先是让学生喜欢自己的语文课。所以在没有什么课改，没有行政要求，也没有什么功利诱惑的情况下，我就开始了自发的课堂研究。我多次向年轻教师介绍我教学研究的做法：一是常常"听听"自己的课，二是找几个志同道合者一起研究课堂，三是每学期精心琢磨几节课。正是这种朴素而且单纯的做法，使我很快在课堂中找到了感觉，也使我凭借自己的课堂形成了一定的影响。早在上世纪 80 年代，我就提出了优化语文课堂教学的四项审美原则：和谐原则、整体原则、适度原则和节奏原则。这是我语文教学研究最早的成果，它使我的课堂教学品质得到了显著提升。

要让学生喜欢母语，首先要让学生爱上语文课；要让学生爱上语文课，就要把语文课上到学生心中；要把语文课上到学生心中，就要满足学生的需要；要能满足学生的需要，就要发现学生的需求和问题。所以，前几年我提出了语文课堂教学的学生立场，就是要求语文教学的内容选择、目标确定、方法运用、活动组织等等一切的一切都要从学生出发，而不是教师的一厢情愿。

我在和教师们作学科研究的讲座时，常常通过两个小故事提醒教师们，在安排教学内容的时候，在运用教学方法的时候，一定要想两个问题：为什么是这样而不是那样呢？这样做有意思吗？只有当你能说得清为什么的时候，只有学生觉得有意思的时候，你的做法才是有意义的。

只要我们的教学能够立足于学生，只要我们的语文课展示出母语的魅力，我们的学生就一定会爱上语文课，就一定会热爱我们的母语。

一个语文教师，千万不能损害母语在孩子心中的形象和地位！

让语文教学不再漂泊

我们必须承认语文教学存在着令人担忧的种种问题，而最大的问题是"语文"被放逐了，语文课不教学语文了。

有的语文课只剩下语文试卷，老师出题目，学生找答案，老师报答案，学生记答案；有的语文课只有让人眼花缭乱的形式和手段，却看不到语文的内容；有的语文课则是满天飞的理念和概念，就是没有踏踏实实的阅读，就是没有地地道道的写作；有的语文课打着种种炫目的旗号，什么"生命"、什么"文化"、什么"对话"，就是看不到语文的影子。语文去哪儿了？语文被放逐了，语文在语文课堂外面漂泊。

于是，我深感有责任呼吁：让语文回家吧！于是我提出了"语文本色教学"的主张：把语文课上成语文课，用语文的方法教语文。什么是"把语文课上成语文课"，就是语文课要以语言为核心，以语文学习活动为主体，以语文素养提高为目的；什么是"用语文的方法教语文"，就是遵循母语的学习规律教语文，就是教会学生用语文的知识和语文的思维认识问题、解决问题，就是让非语言的手段为学生的语文学习服务。在提出这一核心主张的同时，我又提出了阅读教学的基本定位和基本策略，提出了写作教学的基本定位和基本策略，总结了语文课堂活动的基本形式和操作要领，试图从几个不同的主要方面告诉教师们"把语文课上成语文课，用语文的方法教语文"这个核心主张如何落实。令人欣慰的是，我的主张得到了很多专家和许许多多一线教师的认可，尤其是在我提供了大量的教学案例之后。

最近几年来，各种语文教学主张林立，动不动就冒出一个"××语文"。有人以为，这体现了语文教学的繁荣，体现了语文教学百花齐放；有人以为，这造成了语文的混乱，语文只有一个，哪来的这么多"语文"。持后者意见的人中，有人以为始作俑者似乎是我。这实在冤枉了我的初衷。所以《中国教育报》约我著文谈谈这个问题时，我写道："本色语文就是一个不提倡主张的主张。因为本色语文最核心的主张是：语文就是语文。这句话其实已表明了我的态度。我之所以提出本色语文这个主张，其实就是要否定种种自以为是的主张。"

我们一再说：提出本色语文的主张，目的就是呼吁赶快让语文回家，让语文不再漂泊，让语文教学回到原点。

让语文课堂看得见成长

前面说过，要让学生喜欢语文课，就要把语文课上到学生心中，就是要解决学生的问题，就是要看到学生的成长。

可是我们看到，教师们总是展示学生已经会的，常常对学生的问题视而不见、听而不闻，更不解决，总是说一些正确的但毫无价值的话，做一些很热闹但没有意义的事。而更多的教师以考试的名义把语文课变成"教师提问题学生找答案，找不到答案就是教师报答案学生记答案"，其结果是考试时学生还是找不到答案，甚至许多教师天天报答案讲答案，不看答案也找不到答案。

这些都是我们坚决反对的，我们追求的是在语文课上看得见学生的成长。所以在课堂上，我从来不讨好学生，从来不廉价地表扬，从来不动不动就掌声鼓励，而更多的是指出学生的问题，发现学生的差异，挑起学生的（或师生的）"矛盾"，形成课堂的冲突，让学生获得学习的成长。我们一再说：没有错误的课堂，是没有价值的；没有差异的课堂，是僵死的。

在基本完成语文本色教学的主张和理论构建之后，我们便不再纠缠于概念的阐发和理论的丰富，而是集中精力研究"语文共生教学"的教学方法，因为我们认为"与其人人提出一个主张，不如大家多多研究做法。语文只有一个，方法可以各有不同"。"语文共生教学"就是致力于改善教学行为和改变研究学生的学习方式，就是致力于让学生获得探索语文学习的成长。

在介绍共生教学这个核心概念时，我们指出：共生教学的"生"，即"生成"，即体验，即感受，即发现，即创造。有教师之"生"和学生之"生"，教师之"生"是基础，学生之"生"是目的。"长"，即成长，即提高，即发展，即丰富，即实现。有教师之"长"和学生之"长"，教师之"长"是前提，学生之"长"是根本。在"生"和"长"之间，"生"是手段，"长"是目的；"生"是过程，"长"是结果；"生"是"长"的基础，"长"是"生"的宗旨。"共生共长"在教学中有着丰富的内涵：既有资源共生，也有情境共生；既有言语共生，也有情感共生；既有思想共生，也有精神共生。

在语文本色教学的主张中，我们提出：阅读教学的基本定位就是让学生在阅读中学会阅读，在阅读中获得丰富积累，在阅读中提高语文综合素养，阅读教学的基本策略是以文本理解为基础，以问题讨论为引领，以语言活动为主要形式；写作教学的基本定位就是培养学生写作的基本能力，训练学生掌握常见文体的写作方法，让学生能够写好平常文章，写作教学的基本策略是自由作文和指令作文互补，营造学生写作的立体空间，散点训练和系统训练相结合，作文教学要能作用于写作过程。为了让这些策略能通过具体的教学体现出来，我们研究了共生阅读教学和共生写作教学的操作要领和多种不同的课型。我们为一线教师提供了共生阅读教学和共生写作教学的大量案例。

朝拜的路总是漫长的，没有一个朝拜者肯定自己一定能够踏进圣殿；他们只是在一个个长头中表达着自己对信仰的追求和坚贞，享受这种虔诚的向往和灵魂升华的幸福。我想，我也应该是如此。

作者系江苏省语文特级教师

原载于《人民教育》2016 年 09 期

严歌苓：要抛弃杂念才能真正掌控文字

封文慧

第一次知道严歌苓的名字，源于《金陵十三钗》。

电影《金陵十三钗》上映的时候，我还在上海的医学院里磕磕绊绊地读着最后一年书。阴冷潮湿的十一月里，倒数第二次测验刚刚结束，混居着各校实习生和住院医生的宿舍被疲惫笼罩。教学主任老师拿出最后的学生活动经费，在楼下的小黑板上歪歪扭扭地贴了张通知，要包场请全部的学生看电影。

这是我离开实习医院前参加的最后一次集体活动。巨大的电影屏幕上，玉墨绝望而又坚定的笑容在我的脑海中久久萦绕。回到宿舍后，熬夜读完原著小说，情节不尽相同，震撼却丝毫不减。看着小说标题下的作者名字"严歌苓"，我想要写字的愿望更加强烈。去年秋天，我终于来到北京师范大学中文系读研究生。巧的是，我竟成为歌苓老师的学生。

导师聘用仪式上，她带着微笑走进来。那时北京已经入冬，我穿得像棉花包子，老师却穿着干练的衬衣和青花夹克，背挺得笔直，精神抖擞。

第一次与严老师约谈，刚踏出电梯，抬头就望见歌苓老师在走廊里笑着等待，依旧是衬衫加外套的干练装扮，却非常亲切随和。其时，歌苓老师刚刚完成两个讲座，应该十分疲惫，大概是迟迟不见我这个学生主动联系，所以特地来与我见面。

对于我这个半路出家的研究生，歌苓老师关切地询问我选择文学院、选择写作的原因。

我断断续续地讲了很多，中间夹带着理想主义式的杂乱无章：偏离固有的轨道重新选择，并不是一时的心血来潮，只是潜意识里被文字吸引。进入中文系是我多年的理想，年少时因为很多原因放弃了，心中多有遗憾。上了大学，自主时间多了，写字就成为本能的冲动，写作呼唤着我讲述新的故事，揭露人心和世界的真相……

老师认真地听着，并没有像其他人一样质疑这种选择到底值不值得，只是慎重地提醒我将来可能面临的困难："既然选择了，就要作好独自面对的准备，持之以恒地付出努力。"只靠着对文字的热情走到这里，我其实还是写作上的无头苍蝇，老师能认真地听我稚嫩的高谈阔论，是一种鼓励，让我心里踏实了很多。

对于读书，歌苓老师有成熟的看法。她问我平时读书的题材种类。我认为写作的核心还是在于实践，读书只是为了开拓视野，因此只选自己喜欢的题材来读，但的确有点心虚。歌苓老师立刻提出反对，她提醒我："只靠本能的写作，到达一定程度后就会遭遇瓶颈，语言和结构的琢磨要靠潜移默化的阅读来学习，读书不能只靠兴趣，必须有计划地大量阅读经典，才能真正打开写作世界的大门。"

我的写作兴趣经常变化，尝试过的题材领域也很多，总难定型，既想尝试，又很想明确自己写作的定位。对此，我向歌苓老师求教。她说："如果现在想不明白这个问题，可以暂时搁置，放开手脚去写作，等到作品积累得更多，自然就会找到自己心目中的那个答案。每个人的情况不同，不要勉强自己在早期就去定型。"我豁然开朗：有些路是必须走的，急不得。

那天，老师与我讨论了很多问题，她既是温暖和善的聆听者，又是思维敏捷的引导者。她像一位智者，对入道尚浅的我亲切地指出写作者应该具备的素质和努力的方向。我为遇到这样的老师而庆幸。

以后的很多日子，纵然相聚的时刻短暂，但歌苓老师总不忘从大洋彼岸传来电邮。她始终教导我，要观察、沉淀和坚持。她说："要抛弃杂念才能真正掌控文字。"

虽然我发给她的作品还很不成熟，但她总会细心阅读并列出自己的建议，使我获益良多。严歌苓这个名字，在我的生活中变得亲近、丰富起来：亲切无私的师长，热情独立的作家，写作道路上同行的友人。

作者系北京师范大学中文系硕士研究生

原载于《人民教育》2015 年 17 期

苏童：有没有"读好"，对能不能"写好"影响巨大

何　向

作家李洱曾笑称苏童是作家堆里的贾宝玉。的确，童老师不仅气度非凡，人长得很潇洒，言谈之间还总带着一丝孩童般的烂漫与羞涩。

童年记忆保留到现在还能散发亮光的，是有价值的东西

成为苏童的学生之后，他曾跟我们约谈。在京师大厦的房间里，老师给我们三个初出茅庐的"孩子"泡茶，耐心地说起每个人之前上交的习作。

聊到我们都应该写些什么时，苏童感触很多。"每个人的经历不同，所以脑子里的记忆、可以提炼成小说的东西也不一样。""应该写自己熟悉的，在成长的浪水里反复洗涤而没有被冲刷的不见踪影的那些。"他写《城北地带》，写《少年血》《刺青时代》，整个"香椿树街"系列都有着自己童年的记忆。

大概是年少时多病的缘故（9 岁时得了严重的肾炎和并发性败血症），造成了苏童内心的孤独和压抑。这段经历在散文《九岁的病榻》中有过描写："我恨室外的雨，更恨自己的出了毛病的肾脏，我恨煤炉上那只飘着苦腥味的药锅，也恨身子底下咯吱咯吱乱响的藤条躺椅，生病的感觉就这样一天坏于一天。"这种对童年、病痛的压抑与折磨寻找的突破口，就是在作品中对死亡、暴力和心灵病态的描写。

正是这种独特的童年视角写作手法，使苏童的作品尽管内容是灰暗的，却凭着孩童意识形态的干净而使得其文字澄净、利落，既带着南方雨季的梅潮，又透露出江南水乡的诗意。

"童年视角是我小说里一直运用的，是我最原始的小说创作的契机，是

碎片式的东西，对我来说是感知生活的途径或角度。不是通过社会学的意识，不是通过成年人的世界观，更不是刻意模仿孩子的眼睛，我是比较相信童年记忆保留到现在还能在脑子里一亮的，是有价值的东西，更接近我所理解的小说生产方式的真谛。"

炊烟下面总有人类，苏童对于普通人的细枝末节的观察无疑是出色的。除了描写童年、少年，他也热衷于对女性心理、市井小民的剖析："我一直想在小说中尽情地描写我所目睹的平民生活，我一直为那种生活中人们所展示的质量唏嘘感叹，我一直觉得有一类人将苦难与不幸看作他们的命运，就是这些人且爱且恨地生活在这个嘈杂的世界上，他们唾弃旁人，也被旁人唾弃，我一直想表现这一种孤独，平民的孤独。"

对于历史的书写，苏童说："世界有两个世界，一个平静的，一个血腥的；历史也有两个历史，一个看起来真也许是假的，一个看起来假但是真的。我们看历史，是墙外笙歌雨夜惊梦；历史看我们，或许就是默默蝼蚁井底之蛙了。"

珍视每一个与伟大作家精神相通的机会

"阅读是一件美好的事情。对于一部你喜欢的书，你会记得某些极其烦琐的细节，拗口的人名、地名，一个小小的场景，几句人物对话，甚至书中写到的花的名字，女孩裙子的颜色，房间的摆设和气味。"

"现在写不好不要紧，不知道写什么的时候就多看看老作家们是怎么写的。"他还提到，每个作家灵魂深处都有一个"精神导师"，一位也许已经逝去多年的、时代久远的作家，他激起写作的兴趣、陪伴孤苦的练笔，也带来思想的碰撞。

对于我们来说，现在读书几乎是不加选择的，没有计划性、目的性：或者读名著，或者读别人大加赞誉的"好书"，或者只喜欢看某一种文体或风格的作品，又或者只因为一个美丽的名字。

苏童认为有没有"读好"，对能不能"写好"的影响是巨大的："如果只是普通的文学爱好者，怎样阅读都无可厚非。但如果希望通过阅读对写作有一定的益处，系统合理地读书就显得格外重要了。"

"每一个初涉写作的人都要耐着性子大量地阅读伟大作品，珍视每一个与伟大作家精神相通的机会。那些让自己记忆深刻的作家作品会影响自己一生的写作。"苏老师提到，他最初喜欢的作家塞林格至今对他的创作有着或好或坏的"插足"："我的一些短篇小说中可以看到那种柔弱的、水一样的风格和语言。"还有博尔赫斯、麦卡勒斯，这些优秀作家们照亮了太多幽暗的未曾开辟的文学空间，启发着一批又一批心有灵犀的青年作家，对于这些作家的作品，我们怎能弃之不阅呢？"可以将同一时期的不同地区的几个作家的几部作品作为一个板块进行阅读，也可以专门地学习某个作家的写作方法。"

"阅读还要讲究质量，讲究体悟。要能够从书中有所得、有所思。在读书时应当适当地做笔记，不光是优美的词句，还有作家对文字、情节的某种处理方法。"苏童老师告诉我们，"什么叫人物，什么叫底蕴和内涵，去读读《伤心咖啡馆之歌》就明白了。"

抓住属于当下的特质，去写双眼看到的世界

上世纪八九十年代是先锋文学的黄金时代，苏童老师无疑是先锋小说家的杰出代表。

然而，我们如何接过时代的使命，建立属于我们的文学王国？相比上一代，我们的童年经历平淡无奇。对此苏童老师建议我们："静下心来观察身边的生活，寻找这代人与先代的差别，抓住属于当下的特质。不管写什么故事，也不管如何动用虚构的技巧，情感的真实是永恒的，而这种情感应该源自体验的真实。"

他鼓励我们大胆地去写双眼看见的世界，他说："这应当是一个很不一样的世界。"

我想起苏童老师在《河流的秘密》里写过的那些关于他人生前20年的片段：屋顶上在细雨中叮咚作响的青瓦、后窗下终日默默流淌的河水、缝制兄弟俩衬衣的母亲和骑着永久牌自行车的父亲……那些我可以一一想象又无法真正触摸到的属于他那代作家的生活。说是混乱也好、温情也罢，也许正是太平年代不太平的市井生活和沉默的平民不甘沉默的内心话语，触动了每

一个先锋作家敏感又倔强的心，促使他们下笔，促使他们用一种完全不同于先代的言说方式传递着这个世界活着的和正在死去的一切。

是的，如今我们这代人的成长经历显得过于幸福和单调，我们的记忆最深处缺少对苦难的理解和对动荡、罪恶、残忍的认知，但我们也自有特异之处。如何抓住这种时代特质，也许就是我们这代人写作的最大命题。

作者单位系北京师范大学文学院

原载于《人民教育》2016 年 11 期

迟子建：培养学生独立思考能力，是对他们最大的爱护

贺嘉钰

迟子建曾三次获鲁迅文学奖，还有冰心散文奖、庄重文学奖、茅盾文学奖：《雾月牛栏》《清水洗尘》《世界上所有的夜晚》《北极村童话》。读她的文字，充满了理智的快乐。

2015 年，她成为北京师范大学驻校作家，由于工作原因，我能有更多的机会看她束起高高的马尾，笑起来脸蛋儿上漾出深深的一对括号，看她如何对待身边的事物，讲述她如何理解文学，看她如何进行文学教育，感受到她的温情、朴素甚至柔软。

只有体味过人生寒冷，才能真正用文字生出火来

1985 年的夏天，迟子建作为最年轻的写作者，参加了黑龙江作家协会在小城呼兰举办的小说创作研讨班。就是那一次，她犹豫着，最终鼓起勇气将中篇小说《北极村童话》的退稿递给时任《人民文学》编辑的朱伟，"结果他用离开前的一段时间飞快看完，然后找到我，第一句话就说：你为什么不早点寄给《人民文学》？这篇小说后来发表在 1986 年 2 月号的《人民文学》上"。这是迟子建初登文坛的第一部中篇。她身上有股子"倔"劲儿，认准的井会一直打下去，直到打出水来。

迟子建用中篇小说耐心地织出了一片绵密锦绣。在她看来，中篇小说有"优雅的姿态"和"傲然的风骨"，约束着写作者不放纵。她告诉年轻的写作者："如果你们是未来的文学的伟大的海洋，请一定记得从溪流开始一生的事业。慢慢地，慢慢地。"的确，莫言、贾平凹、苏童、余华莫不如此。

她说："莫言是个大天才，他的短篇不是特别多，但他有非常多优秀的中

篇，例如《红高粱》系列，为他的文学作了非常结实的铺垫，因此他的长篇小说几乎没有废笔，每一篇都与众不同。"

只有体味过人生寒冷，才能真正用文字生出火来。经历过与亲人生离死别最深切的痛，而人生遭遇裹挟着她，使她的文本完成了从"忧伤"向"荒凉"的"渡过"，这会让作品长出一点皱纹。当伤痛和死亡不再只是意象和背景，而成为真实客观的存在，迟子建感到自己"真正沉潜下去了，早期写《北极村童话》时的忧伤已然化作苍凉。在写作《世界上所有的夜晚》时，我确实感受到一个人的伤痛和众生的伤痛比起来，很轻很轻。我愿意以自己很轻的东西，像大海上的一个鱼线的浮漂，钓到更沉重的伤痛"。

"因为经历了太多寒流，所以当寒流再袭来的时候，我没有恐惧感，我身体里已经因这寒流集聚了足够的热量和能量。"很多时候，她不是用一支笔去温暖谁，而是给自己一种信心、一种不太相信世界永远是漆黑一团的感觉。迟子建的文字定格了数不清的"美"和"暖"，迟子建文字里的暖，来自生命内部深切的渴望，那是天寒地冻的雪地里父亲递给她的一颗腾着热气的"亲亲土豆"，是内心里以柔软的力量给人决心的抚慰。

而写作本身，也给予了她丰盛。例如，在写作《额尔古纳河右岸》时，"我感到自己进入了特别松弛又特别迷人的境界，所以我不忍心把它写完，写完之后特别失落。我要和这样一群人告别了，而我塑造的这样一群人，可能是我最想相处的人，我不忍告别"。

培养学生独立思考的能力，是对他们最大的爱护

迟子建，这个名字对于很多中小学师生来说并不陌生，她的文章曾多次被中高考现代文阅读考题选用。但很多人不知道，她曾经也是一位中学教师。

直到今天，迟子建依然记得17岁那年考取大兴安岭师专，乘上慢行列车独自离开北极村那晚，一个女孩对外面世界的最初渴望。1984年从大兴安岭师专毕业后，她曾做过两年语文教师，先是在童年生活的学校教初中语文，然后调到县高中教高考辅导班。到大学给同学们上写作课、作讲座，对她来说，是"教师"身份的回归。

两年教师职业经历让迟子建对语文教学有了一些自己的看法："语文最

接近我们的日常生活，所以好学，很少会有学生语文不及格。可也正因为好学，许多学生对语文是忽视的。其实，良好的语文基础是学习的阳光，可以照耀其他学科。当然，有的学生忽视语文，与我们匠气的教育方式有关。"

近年来，有的考生高考遇到了她的文字，考后就在她的微博或贴吧留言，问她写那篇文章的本意，这让迟子建感慨颇多。她说："我不主张给课文做整齐划一的'中心思想'，这样遏制学生对一篇文章感性和丰富的理解，是伤害语文的。"她认为，对培养学生文学素养来说，"培养学生独立思考的能力，就是对他们最大的爱护"。

课堂里，当年轻的写作者讨教起有关写作的种种，无论问题是否已经回答过多次，她总是非常耐心。谁提问，那个望过去的眼神就专属于谁。从"写什么""为什么写"到"怎样写"，如果说写作是一门手艺，迟子建乐意摊开那些被时光磨洗得发亮的金刚钻，围着火光讲述每一样的用处和由来。

她说，一位好老师不必和学生表面上"打成一片"，但一定要在精神上"息息相通"。

与晚辈交往，她也从来都是亲和的。第一次给她发短信，粗心如我，将"子建"之"建"篡改为"健"，短信递出，一万个懊恼在胸中奔突。对于将对方名字打错这件事我无法忍受，连忙道歉，她旋即复信："别在意，小姑娘，你是在祝福我健康呢！"离开学校的最后一个晚上，与她在学校门口一家小面馆吃面。我们都点了阳春面，坐在面馆的小角落里，我忍不住从淡淡的氤氲而起的雾气里望向她，她忽然掏出两包台湾小零食，递给我，我装进口袋，说，留着。不吃掉，就会一直保有她送给我的一种甜。

"你背后那片天空和土地，就是你文学的童年"

谈起文学教育，她不认为小说必须承载使命，也反对作者将自己的光明强加给笔下人物，她鼓励初写者放开来去写熟悉的、喜欢的生活。

她说每个人的经历都是文学的富矿："你们每个人身后都有自己的天空和土地，它或许蔚蓝或许阴霾，你一定要记住，它就像你文学的童年，会一直跟着你走下去。你要从生长的土地和童年建立起的经验世界里，去发现你文学的东西。"

迟子建有一个"作家导演"理论，一些写作者甚至将其奉为圭臬。"作家不要做演员，要做导演。你要去调动所有的场景、人物、灯光、布景，安排情节的推动，照顾到所有细节。作家写作时，往往容易把自己放在作品中一个主要人物身上，跟着他走而忘了其他人。你写某个心有所动的人物，他会带着你走向人物想去的地方，但那不是人物应该走向的地方。他只是你小说中的一分子，你要按照小说的逻辑去发展他，而不能按照你个人性情的逻辑，纵容他无限地走，因为他也许走向的是一个人物的深渊呢。"

她说，故事是需要唤醒的。在北师大的文学创作讨论课上，同学们一齐精读过迟子建的《一坛猪油》，张清华教授分析这篇小说时说它无一个废字。语言精练之外，《一坛猪油》的出彩在于迟子建有意识地给故事放进一个"核"。"我只不过在一坛猪油里放进一枚戒指，但放进这枚戒指，就放进了一个情感的故事，它是小说的核。"找到唤醒记忆的那个点，你的整个故事将被唤醒，将会动人。就故事而言，古今中外的经典名著似乎已将能写的故事基本穷尽，"我们的新意在于情感的微妙上，要写出细节和微妙的差异。没有意蕴，很多时候是缺乏对生活细节的把握，而每个细节的闪光，将造成你小说的气韵"。

2015 年亚洲周刊评选年度十大小说时，对《群山之巅》的点评迟子建很认同，"把当代中国放在一个镇子上来看，以小见大，这恰恰体现了小说的'小'字"。"小"之于迟子建，还表现在她的笔触总是着落于小人物，从她对小人物天然的亲近、悲悯和热爱上，我们看得到她对人性之光的捕捉。迟子建喜欢伊朗电影《小鞋子》，"小兄妹俩在街道上换了鞋奔跑的画面，就如同辛酸的生活里穷人的眼泪在滴滴答答地流啊"，唯美的表达方式带来的是震撼，那种亲情，那种暖，在里面。

毫无疑问，阅读作品与文学素养的建构是正相关的。要从小培养文学素养，应读什么，如何读？迟子建说："就从童话、诗歌、散文这些读物读起，循序渐进走入小说。因为前者是青青的草地，后者是骏马。先把草地铺好，骏马才好驰骋。"

作者单位系北京师范大学国际写作中心
原载于《人民教育》2017 年 01 期

阅读，最幸福的生活方式

马向阳

癸巳已去，甲午新至。东方欲晓，晨光熹微。此刻，轰鸣了一夜的爆竹渐渐消歇，而新年带来的兴奋却让我本该平静的心情多了几许情感的涌动。于是，闭目静思，盘点人生，当50年的人生历程如蒙太奇镜头一般在脑海里被回溯编辑一遍之后，猛然间一个非常明晰的词语——阅读，跳跃了出来，犹如阳光一般地照彻了自己的心房。

正是阅读，充实了我的灵魂，丰盈了我的思想，支撑了我的事业，提升了我的人生境界与生命质量。

阅读，提升生命质量

1963年2月，一个春寒料峭的早晨，我出生在豫东平原一座三面环水的偏僻乡村里。当时，三年自然灾害刚刚过去，大地尚未完全恢复生机，身体孱弱的母亲，难以用自己的乳汁养活我幼小的生命，村庄里的婶婶大娘们便成了我生命中最早的贵人；就是在这年的夏季，连绵的暴雨又将地势低洼的村庄变成了恣肆的汪洋，是爷爷紧急制作的一叶木舟，把我们母子二人及时地送到了村边的河堤上，避免了葬身鱼腹的厄运。周岁之前发生的这一切，如同命运的谶语，影响了我的一生——由于饥饿感，我始终处于一种汲取营养的生命状态，不仅是物质的营养，更重要的是精神的营养；而漂泊与行走，则构成了我的独特的人生历程。

中小学阶段，适逢"文革"，当全国的大人们都紧跟革命形势忙着"抓革命"的时候，一代青少年的求学求知就成了一种奢望。于是，在我的履历表中，小学1年半、初中2年、高中8个月，这就断断续续地连接成了我全部的青少年时代的求学经历。这不够完整的基础教育恰使我求学向上的欲望时时膨胀，且随着年龄的增长逐渐放大。于是，阅读就成为我渴求知识、汲取生命营养的唯一途径。

从父亲的书箱里，我曾经悄悄地拿走了《水浒传》《呐喊》《鲁迅杂文选》；从同学的家里，我借阅了《林海雪原》《青春之歌》《烈火金钢》《平原枪声》《闪闪的红星》《红日》等那一时期可能见到的经典；在学校逼仄的图书室里，我读完了《钢铁是怎样炼成的》《卓娅和舒拉的故事》《马雅可夫斯基诗选》等一批苏联文学精品；而一位酷爱戏曲的语文老师偷偷借给我的《窦娥冤》《牡丹亭》等剧本，则给我打开了另外一扇视窗，让我晓得了文学作品中除了颂扬英武刚烈之外，还有幽怨悱恻，正如同自然界中的雄雌阳阴一样，豪放与婉约、俊朗与纤弱、明快与幽暗、刚劲与柔韧等，相克相生，和谐共处，才构成了物质世界与精神世界的多元与丰富。

年齿日增，当借书已不能满足自己的阅读需求时，"拥有属于自己的图书"这个强烈的愿望，则陡然间填满了我的心房。当时社会积贫积弱，物质匮乏，果腹尚非易事，焉有余资置书以观？于是我便开始有计划地实施勤工俭学活动：炎炎夏日，便捡拾麦穗；深秋霜天，则刨挖红薯；萧瑟冬日，即寻找药材；春寒料峭之时，就约上几个伙伴，跳进村边的河里，选择一段水面，两头用泥块一堵，水盆水桶一齐上阵，硬是凭着力气，将被围堵的河水弄干，藏匿在水中的鱼鳖也暴露无遗，于是满载而归，次日携至集市，换些钱币，大家均分。劳动所得，一半交给父母，贴补家用，一半留作私房，寻机踱进镇上的书店，将心仪已久的图书购买回家。就这样，在不到两年的时间里，我购置并阅读了数十种文学经典，巴尔扎克、托尔斯泰、普希金、巴金、张乐平等大文豪的作品以及上百册经典连环画，都成了我的珍存。现在想来，正是有了这些文化典籍的浸润，才使我度过了那段精神饥荒的岁月，使当时在社会最为底层的空间里打拼的我，不气馁，不堕落，不庸碌，不彷徨，对生活与未来始终充满着希望和信心。

大学四年，是我人生中最为惬意的时光。当时，许多年高德劭的教授除了给研究生们开课之外，也经常为我们这些本科生开设专题讲座，且全国大学之间学术交流频繁，各种研讨活动常有机会参加。于是，王季思先生、霍松林先生、任访秋先生、钱仲联先生、华仲彦先生、于安澜先生、牛庸懋先生、宋景昌先生、刘增杰先生、白本松先生等一批学术大师，都曾经给我们以耳提面命般的指导。亲睹硕儒慈颜，聆听大师宏论，弦歌一堂，切磋砥砺，眼界大开，学业精进。尽管30多年过去了，著名诗人、古典文学专家华仲彦先生的谆谆教诲仍时时闪烁在心头："学问无穷，书籍充栋，而生命有限，时间宝贵。两难之间，须有抉择。我以为，作为中文专业的学生，要充分利用有限的学习时间，多多诵读传统经典；尤其是古典名著名篇，要熟读成诵，烂熟于胸，则可做到警句名言、典故成语、诗词意境、文脉意趣等如同己出，在自己今后写作时，隽词妙语，汩汩而泻，涉笔成趣，文气贯通，典雅华贵，美文天成。"当时，先生此言一出，自己如醍醐灌顶，困惑于胸中数年的迷雾尽皆散去，头脑一片清朗，心里格外澄澈，脚跟也踏实了许多。于是，在先生的指导下，利用课余时间，仅古典文献方面我就通读了《诗经》《楚辞》《国策》《史记》《三曹诗选》《陶渊明集》《李太白集注》《读杜心解》《苏轼全集》《漱玉词注》《剑南诗稿》《唐宋传奇》等名著；而著名学者朱东润教授主编的六卷本大学中文系通用教材《中国历代文学作品选》，更是我手头常备的读物，经过反复诵读，其中三分之二的名篇基本成诵。含英咀华，受益良多。

参加工作之后，备课授课之余，购书与阅读，便也成了生活中不可或缺的内容。后来，因为工作的需要，除了文学专业书籍之外，还集中精力阅读了大量的教育学、心理学、政策法规、教育科学与教学方法论、课程建设、人事与资源管理等方面的书籍。无论在海口市教科所担任所长职务，还是调任海口市第一中学和海南中学校长，自信所在单位在文化建设、课程管理、教育科研、教师专业发展等方面，均在区域内起着引领示范作用。吾人并非天才，有些开创性的工作也无经验可循，只能边学边做，及时反思，不断总结，适时调整，逐步提升。在这一过程中，阅读为我不断前行提供了重要保障。白天庶务萦身，就利用夜晚时光，20多年，我的夜晚大都是从黎明开始的。后来，应著名学者白本松先生、贾传棠先生等邀约，参与编著《乐府诗鉴赏词典》《中国古代文学作品多解大辞典》《万家宝典》等辞书，接受任务之多，撰述质量之高，学界已有定评；自己所撰写并出版的散文随笔集《遥远的啸声》《渐远的风雅》以及文学作品集《传诵千秋是著书》等，被评论家们誉为"端肃板正，用典浑成""含蕴丰富，文笔清丽"，具有"凝重而安详"的气质和文风，窃以为并非完全溢美。

数十年的阅读体验，让我真切地感受到，为了学业和工作需求进行的功利性阅读，是人生中必不可少的项目，它能够极大地改善一个人的生存和工作状态；而为了丰富与满足自己精神生活所进行的闲适性阅读，则像阳光与水分一样，时时滋养着心灵，提升着生活的乃至生命的质量。功利性阅读与闲适性阅读常常又是交织融汇在一起的，它们共同促进着人的成长与发展，培育着人性向善良仁慈、宽厚包容、感恩担当的方向迈进。而这些，则正是一个教育工作者所应该具备的情怀。

引领，建设书香校园

作为一位优秀教师和教育管理者，仅仅满足于自身的阅读愉悦是远远不够的，只有将自己的阅读体验与自己的学生、同事分享，引领他们参与阅读、享受阅读时，才能够给自己的阅读体验赋予更多的价值和更大的意义。于是，推荐作品、撰写书话、开设讲座、指导阅读，就成了我授课之余的额外工作。其中，有辛苦，也有甘甜，有付出，也有获得，有喜悦，也有遗憾……更有着说不尽的故事。

上世纪 80 年代中期，我在河南师大附中任高中语文教师，从海量阅读中筛选出精品推荐给自己的学生，已经成了习惯。一天，我在《散文选刊》上看到一篇文章，篇名是《没有叫出声的呼唤》，写的是一位儿媳对公公的印象与观感，事情甚为平常琐屑，但视角独特，真情贯注，文笔流畅，感人至深。次日，我就把文章复印了 100 多份，发给所任教的两个班级的学生。我跟同学们说：请你们记住，文章就应该这样写——要写出自己的生活与生命的体验，要写出自己的真诚与真情，因为你向读者剖开自己心扉的同时，你也一定能赢得读者的心。10 多年之后，我从河南来到了海南工作，有一年春节，当年曾担任过学习委员的王君给我拜年时说："老师，还记得你复印给我们的那篇文章吗？《没有叫出声的呼唤》，它不仅启发了我们怎样作文，更重要的是从文章中我们懂得了如何做人！"我听了之后，很长一段时间，心情难以平静。我想：在追逐时尚生活的当下，物欲的渴求和情绪的宣泄正在取代深邃的思考和理性的表达，弥漫在所谓的"文化作品"中，对此，我们更应该积极地引导和提升读者的阅读兴趣与阅读品位，要以承载着人类良知的由衷表达的优秀作品，去影响孩子们的人生观和价值观，使其向着真善美的人生境界迈进！

记得在 10 年前，海南省作为首批省级实验区进入高中课改时，构建国家、地方和学校三级课程体系，特别是将开发和建设好基于学生兴趣与学校资源的校本课程提到了重要议事日程上来。作为教师出身的校长，我认为要想使教师们在此次课改中大显身手，首先自己要真正起到示范和引领作用。于是，经过充分调研、准备、论证、修订等，新学年里我们拿出了供学生们选课的"菜单"，仅校本课程就有 30 多门。其中"中国古代诗歌鉴赏"就是我率先向全校学生推出的选修课程，在校内外均产生了积极而广泛的影响。3 年之后，我又面向全校学生开设了"红楼梦导读"选修课程，分设《红楼梦》的思想内容、《红楼梦》的绘人艺术、《红楼梦》的语言艺术、《红楼梦》的美学价值等 9 个专题，多方面多角度地向学生们介绍了古典名著《红楼梦》的伟大艺术成就，听课者中不仅有参加选修的学生，还有学校里的青年教师，就连附近学校的同行也屡次慕名而来，尽兴而归。

积极营造良好的阅读环境与氛围，引领全体师生——特别是教师们深入开展读书活动，建设书香校园，是校长的职责所在。为此，我带领学校班子成员，积极筹措资金，协调有关单位和部门，获得他们的理解与支持，为全体教师购置了手提电脑，帮助教师们下载与安装电子书籍，让每一部手提电脑都成为一座会移动的图书馆；为全体教工发放购书卡，保证每位教工每学期都有购置十本以上图书的激励性资金；改造并装修好了温馨可人的咖啡书屋，从空间上为教工们提供品茗品书的良好环境；同时，学校还设立了"读书节"，制定了《关于新课程背景下教师读书研修活动的实施方案》，由校长室和教研室定期向全体教师推荐阅读书目，举办读书沙龙和读书报告会，在校园网上增设读书专栏，为教工们提供交流与分享的机会和平台。所有这一切，都是为了培育教师们的人文素养，为教师的生命发展打造亮丽的精神底色。现在，每天晚餐前后的一段休闲时间里，走在我们的校园里，总会看到有一些师生坐在长椅上或树荫下，专注阅读，完全不为周围嘈杂的环境所影响。望着这些阅读者，我的心里充满着敬佩与感动！阅读，应该是一项贯穿人生始终的生命化实验活动，它的价值不仅在于增进智识，还在于提升人的精神境界以及生活乃至生命的品质！我常想，大千世界，众生芸芸，尽管说术业有专攻，行业不尽同，但是在庸碌而繁忙的一生中，能够挤出一定的时间而坐拥书城的人是最为幸福的。因为他能够用心灵去沟通人类的昨天与今天，去感悟人类的痛苦与欢乐；他能够用智慧去铺设通向未来的桥梁，享受到人生的大安详！

行走，拓展阅读空间

陆游曾说："纸上得来终觉浅，绝知此事要躬行。""读万卷书，行万里路"，是我国传统知识分子所追寻的人生境界。行走就是倡导人们走向社会，走向大地，走向自然，用心灵去阅读和体悟"天地万物"这部没有经过装订的"百科全书"。无论是在海口市第一中学还是在海南中学任职期间，我都是"旅行修学"的积极倡导者和践行者。

作为一名优秀教师，无论他教什么课，做什么工作，都要具有深厚的文化底蕴、高雅的文化品位与鉴赏水平。而这些也只能通过阅读"社会大学"这部百科全书来加以逐步培养。在旅行修学的过程中，我们号召教师们要善于捕捉细节与瞬间，用眼睛发现美，用镜头记录美，用心智诠释美——这本身就是一件很愉快也很有意义的事情。10多年来，我们利用暑假时间，先后组织教师们参加了中原文化之旅、徽派文化之旅、江浙文化之旅、湖湘文化之旅、三国文化之旅等，引领教师们徜徉白山黑水、感受厚重长安、漫步云贵高原、深入山西大院、走进北京胡同、品赏长城文化、体验丝绸之路、考察古镇民居、比较琼台文明。我们号召教师们返回学校之后，都要将所见所闻、所思所感、所摄所绘详加整理，提交至学校的网络平台上，充分展示，交流分享。其结果不仅愉悦了身心，而且进一步拓展了阅读空间，提升了文化素养，促进了教育教学和教研工作，最终引领与促进着学生们的发展。现在随时打开校园网络，我们都能看到教师们及时提交的图文并茂的美文。

教师们的行动就是无声的语言，身教的作用有时较之于言传更为重要。于是，学校里所开设的综合实践活动和研究性学习课程，也成为广受学生欢迎的课程之一。为了培养学生们"致知力行"的实践能力，在老师的指导和带领下，每年我们都要抽出一周的专题学习时间，以课题组或学习班级为单位，走进工厂、农村、矿区、军营、商场、科研院所、苗黎山寨、希望小学等单位或场所，深入调研，亲身体验，针对存在的相关问题，加以研究，提出解决问题的思路和对策，然后撰写报告，相互交流，分享研究成果。课程改革实施以来，仅以学生提交到学校综合实践活动网页上的报告为基础进行统计，海南中学就有5126篇之多，涉及社会经济发展与人们生产和生活的方方面面，内容极为广博，具有一定的思想高度、人文与科学价值。我想，从这样的"行走"中收获的关于理想价值、人生目标、科学精神、人文关怀与学术品格的深度的领悟与思考，是任何文本阅读以及课堂教学都无法取代的，它将会渗透到学生们的心灵之中，伴随着学生们的成长而不断充盈，不断光大，并将影响他们的一生。

将阅读经典与阅读社会人生有机结合起来，既行走在书本中，也行走在大地上；既行走在时间里，也行走在空间里。这样，我们所获得的实际知识与人生体验才是丰富而完整的。一切学习都是为了学会学习，而阅读就是使人们获得自主学习能力的最为有效的方式与手段。

阅读，是最为幸福的生活方式！

作者系海南省海南中学党委书记、校长
原载于《人民教育》2014年07期

第三辑

每一个苦难都是向上的台阶

每个困难都是向上的台阶

张思明

生活磨砺出我的坚强

我出生于一个教师家庭，我的小学和初中都是在"文革"中度过的，在那个把知识分子称为"臭老九"的年代，我随全家被下放到江西鲤鱼洲农场。在此期间，父亲因公牺牲，当时我的班主任老师用力抱着我的肩膀，告诉我："孩子，你必须长大，你一定要坚强，从今天开始你成人了。"在寒风冷夜中，我把班主任的话和自己的泪一起深深地埋在了心底，那年，我 13 岁。之后的几年里，舅舅在岗位上心脏病突发，意外身亡，姥姥因肝癌去世，母亲和我遭受了一个又一个打击，经历了难以想象的痛苦。然而，母亲却表现出特有的坚强，拼尽她的所能拉扯着我和妹妹长大。

有母亲的关爱与坚强，有老师的帮助与理解，我好像一下子长大了，变得与同龄人那样的"不同"。13 岁的我开始当家，掌握了许多生活的本领。用榆树钱、槐树花和着玉米面，蒸成香喷喷的窝头；把枫树的种子炒熟来招待客人；还学会了纳鞋底、绱鞋、做衣裤、缝被子、搪炉子、装烟囱、挖菜窖、骑三轮、劈劈柴、捡煤核，生活的磨炼使我白发早生，可我童心依旧。我家从来就没给我和妹妹买过一样玩具，要想玩只能自己去做。有一次，我在商店的橱窗里看到了跳棋，就想自己做出来，但在画棋盘时却发现很难，于是就一次一次地到商店里隔着玻璃看，记不清看了多少遍，终于弄明白了棋盘画法，然后我又把大风吹掉的柳树枝剪成一段一段的，把柳树皮脱掉做成了棋子。后来当了老师，"做跳棋"成了我的数学保留作业。当我穿着自己缝的衣服、自己改的裤子、自己用旧毯子边拆出的毛线织成的毛衣、自己纳的鞋底、自己绱的鞋，盖着自己缝的被子的时候，那种快乐远不是今天买一件新衣服能比的；当我拿到自己值夜班挣来的 3 毛钱夜班费，拿到自己勤工俭学挣来的课本去学习，拿着自己装订出来的本子去做作业的时候，所得到的快乐也是现在很容易得到的享受所不能比的。

我感谢所有教过我的老师。从江西回京后，我插班在北京大学附属中学的初二年级学习，是一个所有功课都不及格的学生，最高成绩只有 35 分，连体育都不及格。很多时候，老师常常会为我一个人补课，节假日我求到的每一个老师都会在学校等着我。就这样，我用两个假期的时间把落下的功课一门一门补了上来，终于在初三毕业的时候，以优异的中考成绩考进了北大附中的高中。

1974 年我高中毕业了。学校希望我留校当老师，我很不愿意，因为当时有一个以反对"师道尊严"而出名的"小闯将"升学到了北大附中，成了全校的风云人物，报纸上也在连篇累牍地批判师道尊严。学生们给老师起了一个个绰号：年龄大的叫"老毒蛇"，戴眼镜的叫"四眼狗"，嗓门大的叫"疯子"，腿有病的叫"马拉松冠军"……我已经作好了去插队的思想准备，我害怕当老师，甚至感觉教师是天下最痛苦的职业。所以，当校长找我谈话，问我愿不愿意当老师时，我不加任何思考，斩钉截铁地说："一百个不愿意。"没等校长的话说完，我转身就冲出了校长办公室。后来，当时我的班主任给我做了很多思想工作："你是共青团员，现在学校需要你，你必须服从组织的安排。"那是一个"组织"叫干啥就得干啥的年代，即使我十分不情愿，也被迫从学生变成了老师。

初为人师的我，没有任何教师资质，也没有任何教师岗位培训。我因为"无知"而"无畏"，我用自己的方式诠释着数学教育，认为数学教师就是做题、讲题、改题的人。然而，事实并非想象的那样简单。课堂内，被"挂"在黑板上（讲不下去课）；课堂外，面对学生提出的问题也时常不知所措，我心里有一种说不出的焦急和愧疚。虽说是高中毕业，但在那样的年代，许多应学的知识都没有学。作为数学教师，我没学过立体几何，没学过排列组合、二项式定理、复数、三角函数和解析几何，更不用说微积分了。我坚持参加海淀区教师进修学校的进修，在学习的同时还有一项重要的事情，就是快速地从那里"趸"来知识，然后及时批发给学生。我当时就像一个知识的"二道贩子"。

忙忙碌碌的我，并没有得到学生的认可。一个学生在自己作业本的封面上画了一只老鼠，手里拿着麦克风，下面写了一句话："你是哪个庙里来的和尚，自己都不会念经，怎么能来教我？"后来，我还听到了充满敌意的辱骂，收到过夹着刀子的恐吓信，甚至我的自行车也被"放了炮"。我深感自己专业知识的欠缺，承接不了学生们的期盼和要求，更坚定了我要读大学的决心。

用志气、毅力和恒心跟命运较量

1977年，全国恢复高考的消息使我异常兴奋，能上大学是我多年的夙愿。可是看看一生坎坷、体弱多病的母亲，再看看穿着"再生布"衣服、小小年纪就要不停喝下一罐罐苦药的妹妹，我感到了自己的责任。我提醒自己：不能向母亲提出上大学的要求，我必须尽力把母亲和妹妹的病治好，将来让妹妹上大学，我自己就自学大学的课程吧。

1981年，北京率先实施了"高等教育自学考试"，我毫不犹豫报名参加了数学专业的自学考试，开始了学习路上的"长征"。没有教材，我就骑着自行车跑遍京城的新华书店，四处去买、去借；工作繁忙，我就放弃所有的节假日，把时间献给了图书馆和考场；家务负担繁重，我就运筹安排每天插缝或每周固定时间集中去做。

尽管如此，学习征程仍然十分坎坷：第一次参加"大学语文"这门自学考试中的公共基础课时就没有通过，成绩是56分，经过一年的努力，再次冲进考场去考这门课，没想到当时的作文是要求考生在理解古文名家名段的基础上来写，由于我阅读理解出了问题，作文写得不知所云，考试再次没有过关，成绩还是56分。

自学考试的当头两棒，给我的打击很大，我不明白自己的路为什么走得这样坎坷？挫折给我带来了不少痛苦和烦恼，我能怎么办？心中的伤只能自己去治疗，我不能把自己的痛苦向母亲诉说，不能再让她操心我的事了，我要求自己在母亲和妹妹面前要装得"幸福得像花儿一样"，"我是家里的男子汉，没有克服不了的困难"。可我心里真的憋屈、难受，记得那天早晨四点多钟我就起了床，心事重重地在白颐路上跑，一千米、两千米、三千米……

眼前一根根路灯杆的投影，一会儿在我眼前，一会儿又被我跨过，跑着，跑着，我忽然觉得这些不断跨过的灯杆影子，就像我生活中面对的一个个困难。我觉得身体之外的一个我在对自己说：人不能只听命运的摆布，你给学生讲过许多动人的道理，可为什么自己不先身体力行呢？我再次下决心，要用志气、毅力和恒心跟命运作一番较量。

从此，我养成了一个坚持到今天的习惯，每天凌晨四点起床学习。我把自己学习中的问题记在本上，利用在图书馆学习和早晨跑步的时间向北大的学生和老师请教。自学考试的 5 年里，我写下了厚厚的 40 多册笔记和习题本，做过几千道习题和 30 多本专业作业。这些笔记和作业本堆起来有一米多高。我把过期的挂历纸裁好，在背面密密麻麻地写下每一门课上万字的压缩笔记，然后折成像扇子一样的小折子装在兜里，一有空就拿出来看，拿出来琢磨。经过 5 年艰苦的学习，我终于把数学专业的 20 多门基础课、专业课一门门"啃"了下来。还考出了数学专业自学考试的突出成绩：线性代数 96 分；抽象代数三个小时的考试，一个小时就做完了，成绩是 98 分；数学分析是满分 100 分，这样的成绩在自学考试中比较罕见。1985 年我成功完成了自学考试，国家领导人在中南海怀仁堂为我颁发了毕业证书，中央电视台等多家媒体也进行了报道。

我是自学考试的毕业生，没有接受过全日制大学的教育，所以我对自己的学习基础和实际学习水平感到心里没有底。于是，1989 年我报考了首都师范大学数学系的硕士研究生，同时也参加了日本文部省在中国招收教师研修留学生的考试。也正是由于刚经历过自学考试的艰苦拼搏，我再一次取得了这两个考试的成功。两个机会的同时来到，使我在兴奋之余犯起难来：作为中学老师能在繁杂的工作中考上研究生实属不易，而能出国留学，机会更加难得。在二者本不可兼得的情况下，我即将师从的硕士生导师、首都师范大学数学系杨守廉教授积极争取，保留了我的研究生学籍，使我可以先到日本冈山大学研修计算机辅助数学教育，学完后再到首师大完成研究生课程和毕业论文。带着学校和导师的嘱托与期待，我走出国门，踏上了赴日本留学之路。

一个民族要让人看得起，靠的是实力

初到日本冈山大学，让我没有想到的是来自其他国家的老师——我的那些"新同学"的误解和歧视：开学典礼上，中国国旗被放在了主席台的最边上，我是最后一个出场的学生。与我一起学习的"新同学"——那些来自亚洲其他国家的教师们时常会问我一些奇怪的问题：你们中国的妇女是不是还有很多人缠小脚？你知道什么是牙膏，什么是肥皂，什么是电梯吗？这样奇怪的问题表现出他们对中国的隔膜和无知。

在与新同学一起学习的过程中，我以在中国当学生的习惯，每天第一个到教室，把教室打扫干净，为其他同学点好取暖的油炉。下课后，会主动擦黑板，给老师端来热茶，中午常常主动帮助大家去买饭，对我所做的一切，我的"同学们"并没有表现出特别感谢，倒好像觉得这些事情我出来干是应该的。一段时间后，有个来自马来西亚的教师悄悄对我说：你为什么做这些事情？这些事情在我们国家都是下人做的。

一天，我参加一位泰国老师的生日聚会。大家聚在一起，拿出了自己民族的土特产互相赠送。我就把从北京带去的印有熊猫图案的T恤衫送给了他。这位泰国老师拿到我的礼品，用英语对其他人说：中国人送给我们东西了，到他过生日时我们拿什么回赠给他呢？这些外国同学在一起讨论，最后他们就发出一阵阵坏笑，其中的另一个泰国老师说：中国人最好对付了，只要送给他一个"condom"就行了。我当时没有听懂这个单词是什么意思，一位菲律宾同学走过来，把这个单词写在纸上，对我说：回家查一查字典吧。回到家里，我在字典上查出了这个单词的意思——避孕套。我愤怒了，真想找那个出坏主意的同学打一架。为什么我真心对待他们，他们却要这样对待我呢？我的这些同行们虽然来自东南亚不同的国家，但是在和他们的聊天中，我了解到他们都有着二分之一、四分之一，最少八分之一不等的华人血统。为什么他们会用这样的眼光、口吻和态度去对待一个与自己有共同血缘的民族呢？经过与他们长时间的交往，我终于明白了其中的道理：其实他们不只是看不起我，而且是对一个民族有看法，要想真正让人看得起，关键就是两个字：实力。从那时起，我就开始跟他们"较量"，我要用自己的行动告诉他们，什么是今天的中国人。

当时我学的项目是计算机辅助教学，在完成导师留下的编制计算机程序的作业时，几个日本同学看着我发笑，觉得这个来自中国的学生，根本不知道计算机是怎么回事，日文的操作系统也将让他寸步难行。我没有理会他们，专心编制程序，决心要与他们一拼高低。我利用研究室里唯一的一台计算机，仅凭日文说明书上的几个汉字以及以前自学的计算机操作和编程技术，很快把这个程序编出来了。不仅如此，我的程序比那几个日本同学编得都好，而且还提出了导师编的程序有问题，导师一下发现了这些，当着我的面就批评那几个日本学生：人家编出来了，你们怎么编不出来？后来大家轮着用程序讲日本的奥林匹克竞赛题，跟我一起的一个日本硕士生讲不下去了，我就告诉他们应该怎么做，并顺便说他们做的这个题中国小学五年级的奥校里就有学生会做，他们当时完全惊呆了。

在日本学习期间，为了增强自己的实力，我用尽可能多的时间来学习、钻研我选的课程。每个周末，其他国家的同学们可以去唱卡拉OK，可以去逛超市，可以去打保龄，也可以利用假期回国，但我丝毫不敢放松，抓紧时间搜集了有关日本学校计算机教育、数学课程、学生课题学习、青少年青春期教育、科技教育和残疾儿童教育的很多资料。在毕业的时候，我所有的测试项目、论文都是第一个完成的，总的评价成绩比第二名的老师高出了28分。所以毕业典礼的时候，日本人反过来设计入场顺序，我的导师是大会的执行主席，第一个入场的是我，中国的国旗挂在最中间，然后让我代表所有的留学生致毕业答词。之后，我的导师站起来说："我为我有这样一位来自中国的老师做我的学生而感到非常自豪，他学得很不错，他是北京大学的毕业生，而北京大学跟我们东京大学一样都是非常著名的学府，她的学生都很有竞争力。"我替导师作了更正："老师，您说得基本都对，但有一点不准确，我是自学考试的毕业生，没有上过大学。我的大学毕业证书上确实盖着北京大学的图章，但我是参加中国的自学考试得到的这张文凭。在中国，有20多万像我这样的自学考试毕业生，我只是他们中间非常普通的一员。"讲完这些以后，我的同学们都向我表示祝贺和佩服。

导师问我愿意不愿意继续留在日本完成硕士的学业，我回答："我是学数学教育的，我的教育对象在中国，我会按时回国，做我的基础教育事业。"

老师说他非常理解我的选择，还郑重地推荐我成为日本数学教育学会的国外会员，在我眼里，我的导师很像鲁迅笔下的"藤野先生"。

回国后的第一次班会，我给学生们讲了这样的事情：

"在我将要离开日本的时候，去了日本距离中国最近的海岸城市——下关市，在海边走的时候看到路标是李鸿章路，我奇怪日本怎么会设李鸿章路，顺着路走下去就看到一个院落，有金色的琉璃瓦、红色的墙，完全是中国式建筑，上面挂着一个匾牌，写的是：清政府与日本国政府签订下关条约国家纪念公园。下关条约意味着什么？我们的国耻是人家的国家纪念公园。在那个建筑面前，我真的立下志愿，我希望每一个学生也都立下这个志愿，就是让这样的事情永远不会发生，这是我们肩上的责任。"

"毛主席在1949年新中国成立时，站在天安门城楼上说出的最响亮的话就是：中国人民从此站起来了！我们同学想过没想过，什么是站起来的标志？真正的标志是中国的强大。看现在，我们有许多人出国留学，有30万人在美国，有12万人在日本，还有在其他国家的，那么得有更多的留学生来我们国家留学，才可以认为我们站起来了。"

"如果说以前的我努力地学习与工作是希望得到别人的承认，那么留日回来的我对自己有了一个更高的要求和追求，现在所做的一切努力，就是为了尽早地完成让我们的民族、我们的国家、我们的学生'站起来'的历史使命。'站起来'是一个艰苦的过程，它并不是一瞬间能够完成的，必须靠组成这个民族的每一个成员不断努力，才有可能尽早实现，我和同学们都有这个责任。"这是发自我心底的声音。

回国后，我在首都师范大学师从杨守廉、王尚志教授，攻读数学教学论的硕士课程。在满负荷工作的情况下，用两年半时间以全优的成绩完成了硕士学位课程。后来又在职考上了博士，获得博士学位。

多年来，我坚持边工作边学习，始终保持着学生和老师的双重身份，完成了从高中生向自考生、留学生、硕士生、博士生的多次跨越。其实，一开始我是希望通过学习、考试得到一张文凭，得到大家的承认。自学考试，几乎占用了我全部的业余时间和精力，确实很艰苦，但它给我更多的是怎样战胜困难，怎样激发自己的潜力，怎样面对挫折。后来，当学习变成一种惯性的时候，我学会了合理运筹时间，培养了自己克服困难的毅力和勇气，明白了做教师必须终身学习的道理，这是比文凭更宝贵的东西。这也驱使我后来去钻研数学教学，在中学开展数学建模的教学实践与探索。

硕士研究生毕业后，我选择了回学校工作。我希望自己做一个基础教育岗位上平凡但不平庸的老师。

我曾在自己的班里作过一项调查，题目是"在你们心目中数学是什么？"，一个学生写道："数学是一些居心叵测的成年人为学生挖的陷阱！"另一个学生也有同感："数学是一些仅仅出现在课本和试卷上的，让某些老师看着学生崴脚而感到窃喜的东西。"学生的"黑色幽默"令我感到震惊、悲哀，原来我们这些尽心力教学的老师在学生心目中，无非是一些挖坑布雷的高手，而数学竟被视为老师惩治学生的工具。从那时起，我开始重新审视自己的数学教学，不再满足于自己数学专业知识的娴熟，也不再满足于学生能安静地听数学课，而是思考我们要给学生怎样的数学和数学教育。

跟我学数学，孩子们觉得数学"好玩儿"

我国的数学教育具有基础扎实、训练严格的传统优势。但知识面窄、形式刻板、重理论轻应用的倾向也是现实问题。很多数学教师常常把主要精力放在知识点的传授上，然后让学生进行大量的反复训练，以为这样就能让学生掌握数学。但忽视了告诉学生这些数学知识的来源、应用，知识点没有了"源"和"流"，没有了生命力。实际上，数学不仅仅是"思维的体操、皇冠上的明珠、理工科的基础"，还是表达和交流的语言，它承载着思想和文化，是现代文明的重要组成部分，是文明人的标志性素养，成为人才必备的核心竞争力。

作为数学教师，如何让学生通过高中数学课程的学习，学会用数学眼光观察世界，感悟数学与现实之间的关联；用数学思维分析世界，学会用数学解决实际问题，积累数学实践的经验；用数学语言表达世界，学会交流与合作，加深对数学内容的理解，提升应用能力，增强创新意识和科学精神？这是我们的努力方向。只有让学生感受到数学与生活的密切联系，让他们学会自己提出问题，逐步学会解决问题，让他们了解数学的源和流，感觉数学可亲、可用，他们才能产生学习的兴趣，这才是学习的内动力。

在课堂上，我让学生接触并解决一些有真实感的应用问题，使学生觉得数学有用。比如：结合函数的学习，调查银行现行利率，计算若干年后可能的存款收益；等差数列求和与实物堆垛；排列组合与自行车变速原理；购买"平安保险"到底是亏还是赚；电视塔的高度与覆盖面的问题；足球射门问题；等等。在课外，我经常组织学生到大自然中去"玩"。我把学生带到北京近郊的关沟山谷，让他们测量一块叫"仙枕"的大石头的体积；每人采集一味中草药；判断一棵银杏树的雌雄并找到它的配偶，以此推算银杏树的传粉半径；用相机拍下古迹并判断它们的年代；用曾经讲过的分形知识，找出具有"生物全息现象"的植物……学生们体验了游玩的快乐，也培养了解决实际问题的能力。

在我的引领下，学生们在"玩"中感受了从生活中发现数学问题的乐趣，开始在学数学、用数学方面表现出空前的主动性与热情，尝试着提出和解决生活中的数学问题。一个学生说：当我们凭自己的知识和智慧成功地解决了一个实际问题时，我们的喜悦心情绝对不亚于得第一、拿满分。张老师让我们体会到数学的魅力与学以致用的乐趣。

"数学好玩"，这是国际数学大师陈省身老先生致中国少年数学论坛开幕的题词。简单的四个字折射出他的数学情怀。不愧是大师，望百之人，在参悟了人生百味后，又回复了童心童语——好玩儿；与科学相伴终身的他老人家，竟把最复杂、应用最广泛的科学，用最简单的语言向垂髫幼童介绍——好玩儿！

玩也是我们的"问题源"，"实验"也是我们的研究手段，比如用数学实验的方法探索计算器的"不动点"，学生的好奇心被充分调动起来。其实这里面蕴含着"极限"的思想。因此，这是介绍极限知识时很适合的引入材料。在我的鼓励下，所教的两个班中，有四位学生经过自己的探索写出了"不动之数"等多篇数学小论文。实际上，学生的这些发现还可以在学习极限、用递推关系求解超越方程、了解不动点和混沌理论时发挥很好的作用。这些发现有很好的数学背景，教师可以利用它们引导学生更快地走近现代数学。

跟着我学数学，学生们真的感受到了数学的"好玩"。其实，只要学生觉得数学好玩，他们就会玩好数学。数学也在期望着，在它的宫殿里，不要只是愁眉不展的苦修者，更多的应该是快乐的、幸福的，觉得数学真正好玩的研究者。

尊重每一个学生，是我做建模教学的核心理念

从 1992 年起，我又开始尝试在中学开展数学建模的教学实践与探索。

我在中学开展数学建模，起步阶段是从国外引入了一些数学建模的教材，把它们翻译过来，加工后逐步引入中学数学教育。有了应用国外建模案例的经验，我对数学建模的认识不断提高，同时也深深感到，在我们的数学教育中应开发出适合学生使用的本土化建模问题。20 多年来，我与我的研究团队一起，与我的学生一起，花费大量的时间和精力，寻求、开发了应用数学问题，积累了几十万字的资料和求解报告，其中多项案例被国家《高中数学课程标准》和高中数学教材选用。我把数学建模引入中学数学教学的做法，在全国数学教育界产生了广泛影响，我的学生 200 多人次在美国西屋"inter"大赛、全国创新大赛和北京市数学知识应用竞赛中获奖。

做建模，"问题意识"是关键。课堂上，都是老师给问题，学生被动地做教师提供的问题。而我特别在意把学习的机会、权利和责任还给学生。做建模的开始，老师和学生都提不出可做的问题，我就采取现场激发的办法。一组组问题在相互激发的状态下，很快就被提出来了，不少问题成为学生实际进行数学建模学习的素材。

小李同学通过观察分析发现：人在一个规则的铺满地板砖的地面上，蒙上眼睛行走，踩线（地砖缝）的可能性大小，与行人所穿鞋的几何尺寸以及地砖相对尺寸有关，通过几何概率模型他找到了两者之间的关系。论文的第一稿已经不错了，但我还是希望他进一步挖掘造成理论计算和实际统计结果之间误差的原因，小李同学经过进一步细致观察和查阅文献，发现"人在全盲状态，在一块开阔地上，在朝一个方向走的意念下，实际行走的轨迹不是直线，而是一个大圆"，从而较好地解释了论文中误差产生的原因，论文的第二稿又进了一步。但我还是对他说：你的工作做得不错，但到现在还停留在"解释世界"的层面，能不能提高到"改造世界"的层面呢？小李同学带着这样的要求又继续观察，他在动物园的儿童乐园里，看孩子们玩碰碰车，

车带着一个像无轨电车一样的长导电杆与顶棚相触，车的动力电源靠全金属的顶棚供应。这时小李同学联想到自己的研究结果，如果把顶棚换成金属网格，导电杆与顶棚接触部分的尺度超过网格的宽度，就像一只大鞋踩在小的地板砖上，不管碰碰车在什么位置，导电杆都会与金属网格接触，从而导电，这样既节省金属材料，降低造价，还能改善采光、通透和视觉效果。他把这种想法写进了小论文，这个结果在北京市当年的某项论文竞赛中获得一等奖。

尊重每一个学生，给他们提供更多的发展机会，是我做建模教学的核心理念，特别是一些学业成绩不出色的学生。学生在课堂学习中由于各种原因，如基础知识、个人兴趣、教师水平、家庭环境等，造成了他们的成绩分化。但考试成绩中有不少是"应试能力"的表现，不一定是学生能力的全面体现。有的人"急中生智"，有的人"慢工出细活"，建模学习常常可以为不同能力结构的学生提供展示才能的机会。建模学习中适当分组，将有各种特长（或短处）的学生放在一起，有时常常会使学生产生意外的收获。在数学建模活动中，提倡两三位学生一起做一个课题，一位学生可能擅长计算机，另一位学生擅长实验，还有一位学生可能擅长与人打交道，这样在作调查时就可以承担"公关"的任务。

记得有一次，3位初一的学生组成一个课题小组完成了一篇小论文，在发表前找到了我，问谁的名字应该署第一作者，这种问题在以前的学生中不太会遇到。一是很少有这样的机会，二是很少去考虑这样的问题。面对这个"与时俱进"的问题，我先和学生们座谈，请大家谈一谈各自在论文中的贡献，自己的发现及别人的长处。然后给学生们提议：谁对这项研究的贡献大，起主要作用，做出关键结果，谁就可以署第一作者，这篇文章谁做第一作者，相信你们能统一认识。作为老师，我的建议是，你们这个研究小组是一个非常好的研究集体，希望你们再继续做第二个、第三个小课题，我想你们每一个人都可以做一次"第一作者"。一年过去了，"三人小组"已经做完了三个小课题，在正式出版物上发表了两篇文章，"第一作者"流动着。

小光同学是我班的体育特长生，学习上有些吃力，在我们的探究发现交流课上，颇不自信地介绍自己的"发现"："我假期观察各种年历，发现平年时，1、10月，2、3、11月，4、7月，9、12月的月历表一致；而闰年时，

1、4、7月，2、8月，3、11月，9、12月的月历表一致。"

同学们听到小光的介绍，表情颇有几分不屑。我马上心里一动，一个体育特长生能抓住身边的小事，观察发现，还会分类讨论，实属不易，应该鼓励。我接过小光同学的话茬儿，说：

"你们就没体会小光同学发现的'伟大的现实意义'和'深远的历史意义'。比如，有一种计算机病毒叫'黑色星期五'，如果当天是 13 日，又恰好是星期五，它就发作。请你找出距今天较近的 3 个使'黑色星期五'发作的年、月、日。

"再如，有人说，最好的'办喜事'的日子应该是'6 月 6 日，又是星期六'，可这样的日子是千载难逢的。你同意这种说法吗？你能找出几个'6 月 6 日，又是星期六'的具体年、月、日？

"还有，印刷厂为了印刷每年的整张年历，需要制作'年历模板'。如果标题的年号和农历不写的年历称为年历模板，不同的年历模板只要有多少种？ 2016 年的年历模板，下一次哪年能用？"

说到这里，小光眼里放光，露出得意的笑容。同学们被带进了新的思考和讨论。同学们用计算机发现"6 月 6 日是星期六"的日子有 2009 年、2015 年、2020 年。因此"千载难逢"的说法不对。经过建模学习的学生们还发现了更简单的规律。之后的讨论被小光"顺理成章"了。半年后，小光成为班里数学建模的骨干，他的论文《澳门网球单打公开赛奖金分配的分析和揭秘》，在北京市获奖。我真为他高兴，重拾自信对于一个成长中的孩子多么重要！

去年假期，我在学校值班。一位 19 年前毕业的学生专程来看我，进门后她就赠给我一本 680 页厚的心理学经典的中文译著，这是她完成的作品。这我不吃惊，因为她曾是我教过的班级的英语课代表，后来她选择了文科，考上了北京外国语大学。她和我谈了 19 年来的成长和变化，特别感谢我在她中学时带她做的数学建模，使她在后来的英国华威大学做博士，在德国马克斯·普朗克研究所以及美国哥伦比亚大学做博士后工作时，能够有勇气选择研究有关心理测量和评估的数学模型，并取得了成就。这次回国创业，她成功地被清华大学聘为教授。我想，她的成就是她的努力和正确选择的结果，我们的作用非常有限，唯一欣慰的是，我的学生们走出我的课堂时知道了，数学可用、有用、能用，从而进一步完成了想用、会用、善用数学的旅程。

我并不期盼每个学生都成为数学家，但如果通过我的教学，能使学生有一种在生活和学习中应用数学的思维观念和习惯，使他们有追求卓越、不断探索的创新精神和追求真理、勤奋求实、一丝不苟的理性精神，他们自身和我们的国家都将受益无穷。

作者系正高级教师，特级教师，享受国务院政府特殊津贴专家

原载于《人民教育》2017 年 09 期

叶嘉莹：最穷苦的时候想到的是《论语》

冀晓萍

她是国内外著名的古典文化学者，退休后当选为加拿大皇家学会院士。美好的晚年生活就在眼前，她却把自己托付给国内，奔波讲诗。

"中国古典诗词的根在中国，我们的青年走进这座珍宝山，却空手而归。"叶嘉莹对古诗词的传承充满忧虑。

"我已经 91 岁了。如果我不把自己从古诗词中看到的好处讲出来，上对不起古人，下对不起来者。"

内心有很好的品格持守，就不会被别人左右

有人说，叶嘉莹是诗词的女儿。在古诗词的熏陶下，她像一朵兰花，即便处于空谷，也散发着淡淡的幽香。

抗战时期，物资缺乏。叶嘉莹每天骑自行车上学，衣服后面很容易磨破。她找来同颜色的布补上，直到她大学毕业去中学教书，衣服上还打着补丁。

在最穷苦的时候，叶嘉莹想到的是《论语》上的话："士志于道，而耻恶衣恶食者，未足与议也。"她说："我从来没有因衣饰不如人而觉得害羞，也不怕别人笑话。内心有很好的品格持守，就不会被别人左右。"

叶嘉莹的婚姻中没有诗意的柔情，甚至可以形容为"悲苦"：没有自主的婚姻，丈夫经常性地无端暴怒，等等。有人问叶嘉莹："你为什么不从痛苦的婚姻中解脱出来？"

她用王安石的一首诗回应：

"风吹瓦堕屋，正打破我头。瓦亦自破碎，匪独我血流。众生选众业，各有一机抽。切莫嗔此瓦，此瓦不自由。"

"这么想，你就会原谅世界上一切的人，他之所以成为他，有很多他不得已的原因。"古诗词中蕴含的人生哲学，深深地影响着她如何看待世界，如何看待人。她将之称为"弱德"，历经磨难，却以德报怨。

拿到不列颠哥伦比亚大学的终身聘书后，在海外漂泊多年的叶嘉莹以为自此能安稳度日了。不料1976年，大女儿和女婿遭遇车祸，双双亡故。她强忍悲痛为女儿女婿料理完后事，把自己关在家里，拒绝接触外面的一切友人。其间，她写下了10首哭女诗。

"最好的一件事情，就是我选择了诗词作为终身的伴侣。"叶嘉莹觉得。在她最需要精神支撑的时候，诗词帮助她排解悲痛，给了她走出这种生死劫难的力量。

于丹评价叶嘉莹："一个女人可以活得如此优雅自信，生命里面有一种可以拯救自己的力量。"

这种力量，源于古诗词，源于中国古典文化。

所以当现代人远离古诗词，把古诗词当作"古董"束之高阁时，叶嘉莹坐不住了。退休后，她不远万里，频繁往返于中加之间，就是想通过讲诗，告诉青年人，要把中华民族的"根"留住。

最该教给孩子的是诗人的美好心灵和品格

1924年，叶嘉莹出生在北京一个古老的家族，本姓叶赫那拉或作"纳兰"，祖上与纳兰性德都是满族人。在大四合院里，父亲、伯父、母亲、伯母都喜欢吟诗。平日里，男士们大声吟唱，女人们拿着诗集小声吟诵。古诗词，就像吃饭喝水一样，自然而然地进入了她的生命。

在这样的环境里，叶嘉莹两三岁时，就辨别了读音的平、上、去、入，四五岁时开始"像唱儿歌一样"背诵古诗词："我从小自然而然地听，也自然而然地体会，我发觉，吟诵就是读者通过声音表示出来她对这一首诗的感受。"

"一个伟大的作者是用生命来写作作品的，是用生活来实践作品的。"叶嘉莹说，"诗的高下优劣，就看诗人思想品格修养志意的高下优劣。教古诗词，最该教给小孩子的就是，诗歌里诗人的美好心灵和品格。"

这些美好心灵和品格是中国文化的 DNA，是中华民族之所以走到今天，并走向未来的精神力量。

在辅仁大学读书时，叶嘉莹遇到了她诗词生命中的"重要他人"——老师顾随。"他让我认识到了诗词中的灵性、生命。"

"顾老师的讲授是跑野马似的，每次上课，他一开始不说话，先在黑板上写一首诗或者几个字，就此讲起，他讲诗歌里面真正感发的生命。"

多年后，在《纪念我的老师清河顾随羡季先生》一文中，叶嘉莹这样回忆："从来未曾聆听过像先生这样生动而深入的讲解，因此自上过先生之课以后，恍如一只被困在暗室之内的飞蝇，蓦见门窗之开启，始脱然得睹明朗之天光，辨万物之形态。"

从那时起，顾随开设的课程，叶嘉莹都会选修，毕业后她仍经常旁听顾随先生的课，一直到 1948 年春离开北平南下结婚。期间，叶嘉莹记了八大本随堂笔记。即使深陷白色恐怖、流离失所，这些笔记也被她精心保留了下来。

给叶嘉莹深刻印象的是，顾随不仅会讲诗，还会写诗，会将自己的感情倾注到诗歌中。

叶嘉莹读大学时，正值沦陷期。顾随在深沉的忧患中写下了《鹧鸪天》："不是新来怯凭栏 / 小红楼外万重山 / 自添沈水烧心篆 / 一任罗衣透体寒 / 凝泪眼，画眉弯 / 更翻旧谱待君看 / 黄河尚有澄清日 / 不信相逢尔许难"。

"我为什么近来爱靠在栏杆上，因为我可以看到远山，那都是祖国江山的土地。现在是国破山河在。我满眼的泪水凝望远方，盼望祖国回来。"顾随把诗歌美好的生命通过讲课、写作传达过来，深深地感动、濡染着叶嘉莹。

1993 年，叶嘉莹捐献出一半的退休金——约十万美元设立"驼庵奖学金"和"永言学术基金"奖掖后学。其中"驼庵"正是顾随的号。可见，顾随对叶嘉莹的影响之大。

叶嘉莹教了 70 年古典诗词，前半生都是教中学。对于古诗词的教学，她深有感触。"几十年前，教材按照文学史的顺序编选，很有系统：诗经、书经，一步一步到唐宋，直到后来。那时的教师文化水平比较高，从头到尾都能讲得很好，真正讲出了精髓。"

但是现在，"老师自己都不懂，怎么能教得懂孩子们？现在学诗词的评价标准是功利的，就是会考了吗，大家猜猜题目，填充或是问答。"

说到这里，叶嘉莹直率而又哀伤，"小孩子的接受能力强，古诗词教育要从小开始，但首先要培养老师"。

"现在的年轻人不能分辨诗的好坏，以为花花草草就是诗。"叶嘉莹认为，这其中有社会环境的影响，但跟个人的读书学习也分不开。"当代人要了解古诗词，就要了解整个中华传统文化。诗词里面的东西是非常丰富的，你如果了解了整个历史文化背景，读诗的感受才不会局限在表面那一点。"

她主张，既要读古诗词，也要读古人和今人的解说，"但不能迷信某个解说，要看这个解说与你有没有共鸣。多看几个人，哪个对，哪个错，就自然有了审判辨别的能力。你要找好的诗词解说，把你的眼界打开"。

为此，她笔耕不辍，2014 年，出版了《人间词话七讲》，随即八卷本的《迦陵著作集》精装再版。据不完全统计，叶嘉莹这些年出版的诗词集说有 40 多部。

"我希望，古诗词中蕴含的生命与智慧，将获得更好的继承和发扬。"叶嘉莹说。

即便已过 90 岁，如果有人邀请她去讲诗，她还是会去："我就是想把古诗词之门打开，让中国人认得里面有这么多好东西。"

原载于《人民教育》2015 年 02 期

梅汝璈：忘记过去的苦难可能招致未来的灾祸

冀晓萍

在梅小璈的印象里，父亲梅汝璈"平和、散淡，不会随便发怒，也没有忘形的高兴，不管遇见什么事情，都能冷静、客观地对待"，却从不谈论自己的工作是什么。但梅小璈隐隐觉得，自己家跟别人家有点不一样：

"我家的房子住得要比别人家的大一点。"

"三年困难时期，很多邻居家饿得患了浮肿，但我们家好像从没挨过饿。"

"学校常组织自费活动，很多同学拿不出那五分、一毛，但父母从未为此为难过。"

"'文革'期间，父亲被打压，但相比别人的遭遇来说，好像也受了保护，无非打扫卫生、清理厕所。"

"1969年，父亲本来被安排去干校，行李准备好了，突然通知他不用去了。"

……

似乎总有一种神秘的力量在保护着梅汝璈。直到父亲去世，当天的《人民日报》上刊发了一则讣告，梅小璈才知道自己的父亲就是当年东京大审判中的中国法官。

"断不使那些扰乱世界、残害中国的战争元凶逃脱法网"

梅小璈从母亲断断续续的叙述中得知，父亲12岁便入读清华留学预备班，20岁时留学美国，后获芝加哥大学法学博士学位，归国后先后在山西大学、南开大学、复旦大学和武汉大学担任法学教授。

"父亲是教书先生，尽管他的学历符合国际社会及盟军总部的要求，但毕竟没有真正上过法庭。这么重大的审判怎么会派父亲代表中国呢？"梅小璇心中充满了疑问。

原来，远东国际军事法庭审判程序参照英美法系施行。而审判之前，美国国务院就给各受降国的大使馆送了一份秘密照会，明确表示：在提出选派人选时，最好是各自推荐一位能操英语的法律专家。

尽管当时国内法学界人才济济，但多数精通的是大陆法系，精通英美法系的人凤毛麟角。而梅汝璈在美国留过学，英语地道，又长期研究英美法学。他的经历和学识使他成为这一职位的不二人选。

但年仅42岁的梅汝璈为了让自己增加几分威严和老成，特意蓄起了上唇胡须。临行前，他向采访他的记者吐露心迹："审判日本战犯是人道正义的胜利，我有幸受国人之托，作为庄严国际法庭的法官，决勉力依法行事，断不使那些扰乱世界、残害中国的战争元凶逃脱法网。"

"多数人都会觉得，战胜国去审判战败国不是特别困难的事，但国际形势在变化，特别是中国大陆的形势变化，当时蒋政权眼看不行了，美国从它的全球战略考虑在亚洲的地位、利益如何维持，它一定要有一个强有力的支撑点，舍日本无他。还有法庭本身没有量刑标准，各国法官秉持的法律理念不一样等许多法律内外的因素造成了东京审判出现了意想不到的困难。"梅小璈说。

去时满头黑发，返时发已花白。审判持续了两年半，波折不断。

正式开庭前，各国召开预备会议，讨论法官的座次安排。按照惯例，庭长韦伯居中坐首位，大家对此都毫无异议。但庭长右手边的第一把交椅和左手边的第二把交椅，该由谁坐？大家产生了争执。

大家都明白，座次代表了该国在东京审判中的地位，均要求坐靠近中央的重要位置。"父亲提出，中国的抗日战场是东方反法西斯主战场，中国人民14年英勇斗争极大消耗了日本的军事、经济实力，阻滞了日本侵略扩张的步伐。应按各受降国的签字顺序安排座次，中国应坐左手边的位置。多个国家也纷纷赞成。"

"但开庭预演时，庭长宣布的入场顺序是美、英、苏、中、法、加……父亲愤然脱下黑丝法袍，并义正辞严地提出强烈抗议，加拿大、新西兰、菲律宾等国当即也表示支持。韦伯只好召开紧急磋商会议，并对提议进行表决。最终，入场顺序和法官座次均按照日本投降书中受降国的签字顺序

（美、中、英、苏、加……）排定。"

消息一出，国人振奋。国内新闻媒体纷纷插发了这一重大新闻，有的报纸甚至刊出了套红"号外"。

在量刑上，美国法官坚持只对发动太平洋战争或虐待美军俘虏的战犯判处死刑。梅汝璈引用大量证据证实并指出：为了掠夺别国的资源、扩张自己的领土，日本人杀害了各国无数的无辜平民，如果法律不给日本战犯以最严厉的死刑惩罚，谁敢保证日本军国主义的幽灵不会再次复活？最终，法庭通过了死刑处罚，终于将东条英机、土肥原贤二等7名罪恶累累的日本首犯送上了绞刑架。

梅汝璈接受采访时说自己当时的心情，就像伍子胥过昭关，一夜急白了头："要是对那些罪孽深重、残害中国和世界各国人民的战犯们连死刑都判不了，我还有什么脸面回去见江东父老。"

审判进入最后环节——书写审判书。有人主张，判决书统一书写，但梅汝璈坚持：中国人受害最深，最具发言权，日本侵华罪行那部分应由中国人书写。法庭接受了梅汝璈的建议，决定由梅汝璈来负责判决书第四章"日本对华侵略"的起草工作。

梅汝璈在日记中写道："那些日子，我就像钻进成千上万件证据和国际法典的虫子，每天在里面爬来爬去，生怕遗漏了重要的东西。"他和助手把堆积如山的证据写到判决书里，获得了法官会议的认可。十余万字，字字控诉，成为今天的现世警钟。

"势成骑虎，就必须战下去。"梅小璈总结说，"之所以大家现在还能经常想到我的父亲，也正是这些困难成全了他。"

梅汝璈尽了自己最大的努力，但令他愤恨的是，蒋介石政府仰美国之鼻息，非但不向同盟总部提出引渡日本战犯之要求，反而在1949年1月上海解放前夕，宣告在中国提出并推行穷凶极恶的"三光政策"的日本战犯冈村宁次无罪释放。

"我读父亲的日记，印象最深的是，他痛苦于一些不争气的祖国同胞。他不止一次地提到，国人若不能团结一致，国际地位就会没落，一想到这些事，'几乎有两三个钟头不能闭眼'。"梅小璈说。

虽然对日本恨之入骨，但作为法官，他始终坚守法律界限不越位

"文革"结束后，媒体开始回顾梅汝璈的世功。东京审判也成为一些文学、影视作品关注的题材。"可惜有些作品的水准不高，描述上增加了很多法律外的臆想，出现了致命差错，非但不能还原历史真相，还给日本右翼提供了口实。"

"父亲曾在日记中写道，刚开庭的一段时间，中方在提供证据方面比较薄弱，他坐在审判席上干着急，却不能插手。"梅小璈说，"但有些作品里出现了法官和检察官私下交流案情的行为，这在法庭上是绝不允许出现的。"

"还有的作品把父亲和倪征燠先生写成天天在一起研讨如何给战犯定罪。但实际上，法官和检察官相互独立，是不能私下见面讨论案情的。"

"日本的右翼看了哈哈大笑，原来你们的法庭就这么个水平，判决怎么能是公平的？他们从法理上对这场历史大审判提出质疑。"梅小璈说。

梅汝璈虽然对日本恨之入骨，但作为法官，他始终坚守法律界限不越位。谈到东京审判，他曾在日记中写道："戏文里有'尚方宝剑，先斩后奏'，可现在是法治时代，必须先审后斩，否则我真要先斩他几个，方可雪我心头之恨！"这从另一个侧面反映出，法治精神是梅汝璈在东京审判中秉承的底线。

常年从事法学教育，梅汝璈有感于民国时法律教育的种种弊端，常常直言抨击而不讳。他在文章中多次写道：现在的法律教育只是造出了一些律师和讼棍，造就了很多饭碗，但是公平正义、按法律办事的精神并没有得到真正的弘扬。他提出，法学教育要学法治之实质，而不能止步于学技术。

但梅汝璈当年被打为"右派"，也是与他的法治主张有关。"在一次公开会议上，父亲提出，防贪官光靠个人自觉不行，还得靠制度。这句话被视作父亲'旧法观念'未除的证据。"梅小璈说。梅汝璈因此成了"靠边站"的一类人。

我们必须"明耻"，耻我们的科技文化不如西方国家，耻我们的大学不如西方大学

梅小璈出生的时候，父亲已经48岁。1973年，69岁的梅汝璈去世。

"我儿时不记事,大点了就上山下乡了,我回来的那年,父亲去世了。"梅小璈回过头来看,此生好像与父亲错过了,但父亲对姐弟俩的影响又是深远的,让他们在人生的困难阶段,始终积极向上。

1966年,梅小璈上初一,姐姐梅小侃上初三,学校停课了,姐弟俩有些不知所措。"父亲对教育、文化科学知识的信念是坚定的,他很无奈,但他对我们说的是:学校教育停了,那就在实际工作中学些也可以的。你们要坚持自学,××也没上过大学,靠自学也一样成大器。"

1969年,梅小璈下乡了,一待就是5年。每次见面,父亲都会鼓励他:"到乡下可以增长生活技能,可以学习的东西有很多,这些习得总有一天会发挥作用的。"

后来,在各自的人生路上,姐弟俩都靠自己的努力找到了自己的位置:梅小侃师从北京大学著名法学家王铁崖,是新中国第一位法学女博士,后进入雀巢公司担任高管;梅小璈自学考入北京师范学院,后进入中国青年报社任职。

梅小璈还清楚地记得,在上世纪60年代初的一个傍晚,停电了,家里一片黑暗。父亲坐在藤椅上轻轻哼起了清华早年的校歌:"西山苍苍,东海茫茫。吾校庄严,峙立中央。东西文化,荟萃一堂……"

梅汝璈有浓重的清华情结,这源于8年清华的学习生活感情,更重要的是他对教育深深的忧虑。

从美国留学回来后,梅汝璈选择到山西大学任教,后来辗转于多所大学任教。他常常用"耻不如人"勉励学生:"清华大学和山西大学都是外国人利用中国的'庚子赔款'兴办的,其用意在于培养崇洋的人。因此我们必须'明耻',耻中国的科技文化不如西方国家,耻我们的大学现在还不如西方的大学,我们要发奋图强以雪耻。"

他说:"我不是复仇主义者。但是,我相信,忘记过去的苦难可能招致未来的灾祸。"

原载于《人民教育》2015年18期

成功是一条少有人走的路

——访中国青少年研究中心副主任孙云晓

邢 星

2013 年 12 月 22 日，北京一零一中学"家长课堂"特邀孙云晓作了一场家庭教育讲座。这是一个周末，又恰逢冬至，可是在这个寒冷的休息日的早晨，数百名学生家长仍然早早会聚到学校大礼堂。他们凝神倾听 1 个小时，争相提问 40 分钟，直到讲座结束，仍有很多人簇拥在讲台前讨教。大家最热切的关注永远是：如何把孩子培养成人、成才、成功？

孙云晓是中国青少年研究中心研究员、副主任，中国家庭教育学会常务理事，《少年儿童研究》杂志总编辑。他所著的《孙云晓教育作品集》（8卷）、《习惯决定孩子一生》等数十部教育论著拥有千万数量级的读者。教育孩子通往成功的路径是什么？这个问题孙云晓做过广泛的研究，得出了具有普适性的答案，通过讲座、著书等多种形式向大众普及强调——成功之路就是培养良好习惯，缔造健康人格。

但是，这条人人渴慕，甚至广为人知的成功之路却少有人抵达其终点。为什么？因为它往往又是"一条有风险的路，一条自讨苦吃的路，一条非常独特的路"——孙云晓如此"现身说法"。

"读书习惯影响了我一生"

"1966 年冬天，'文化大革命造反派'正在'扫除一切大毒草'。我哥哥在一个工厂技校读书，工厂图书馆的文学名著被扔了一地，准备烧掉。他见现场没人，就装了一书包，大概有十几本，都是长篇小说。《三国演义》《水浒传》《林海雪原》《青春之歌》……我们小哥俩看了几个月。父母怕我们看坏眼睛，到时间就关灯，我们看上瘾了哪能关灯就不看了呢！我哥哥懂一点电的知识，拿电池、灯泡做个'手电'，我们俩就把被子蒙起来，继续照着看。"孙云晓至今讲起这段读书体验仍然很兴奋，眼睛闪亮。

"那个时候我才上小学四年级，谁也没有想到，这一书包的书从此改变了我的命运。我不仅养成了阅读的习惯，还开始了40多年的文学梦。"

2001年到2010年的10年间，孙云晓一直在主持少年儿童习惯研究课题。但是，以研究的视角分析自己读书习惯的养成，孙云晓说这是"第一次"："习惯养成的过程，其实就是暗示、惯常行为和奖赏的因果关系。我哥哥背一书包书回来看，他非常着迷，对我构成暗示：书是好东西啊！我开始看书之后一下子迷上了，然后迫不及待地天天看、熬夜看，逐渐成为惯常行为。奖赏是什么呢？内心得到极大的满足。文学世界如此波澜壮阔，人物命运一波三折，这种文学的震撼、美的体验是最高的奖赏。"

但是为什么学校没能培养出这种阅读习惯呢？

孙云晓说："关键是强度不够。我也很喜欢小学语文课文，印象最深的是《小猫钓鱼》《寒号鸟》《红鼻子哥哥和蓝鼻子弟弟》等。但是从'量'和'质'上，阅读如果仅限于学校课堂上的几篇课文，不足以对心灵构成高频率的强刺激。"

孙云晓转而说道："其实学校完全可以发挥作用。养成阅读习惯，环境很重要，学校可以提供比家庭、社会更系统的阅读环境。"

在哥哥的"带领"下，孙云晓养成了阅读习惯，之后，他开始自己到亲戚朋友家"找书读"。孙云晓选择图书的标准是什么呢？

"那个年纪喜欢看童话故事类的书，但是因为那个年代书特别少，我又不得不碰到什么就看什么。"孙云晓说。

"有一次，我不知从什么地方搞到一本《蛇岛的秘密》，是一部科普作品，讲一个科技工作者去大连蛇岛考察的经过。比如鹰从高空俯冲下来叼住了蛇，蛇也不甘示弱和它搏斗，突然，鹰和蛇一起哗地从天上掉下来，鹰被蛇毒死了，蛇却逃之夭夭。哎呀，我看得惊心动魄，一下子对这个蛇的世界充满了好奇。"孙云晓回忆说，"好多年之后我到大连，唯一的愿望就是想上蛇岛看看，登上去之后那个兴奋、那个恐惧，一看这儿一条蛇、那儿一条蛇，再一看自己胸前的树枝上好几条蛇。当地一个工作人员拿着蛇，让我摸一摸蝮蛇冰凉的肚皮，哎哟，很满足。"

孙云晓总结说：

"所以我们可以看到，童年时代的阅读非常重要。儿童不是'读'书，而像'吃'书，吃进去长成他的血肉，长成他的骨骼。但另一方面，童年时代的阅读很少怀疑，儿童往往是不加分辨地全盘接受，所以童年时代更要读好书。

"所谓好书，首先，它的价值观应该符合真善美原则，能够对人生产生积极向上的影响。第二，它的内容和表达应该符合儿童的认知水平，包括符合儿童直观形象、富有想象力这样的思维特点。"

一说到阅读对人的影响，孙云晓总是很感慨："读书习惯影响了我一生。因为有了读书的习惯，我初一、初二看完了《毛泽东选集》四卷，相信了毛泽东老师徐特立的'不动笔墨不读书'，从那个时候开始写日记，一写就写到现在，44 年。"

"写作和读书有一种特别的联系。书读得多了，总有东西要写；写下来之后'抓铁有痕'，阅读才有了你自己的力度和感悟。这是一个匆匆而过的时代，但如果你写下来，就会'往事并不如烟'。"孙云晓总是说得很流畅，仿佛不假思索，不过也许这些话他早已写下来，思考过多次。

"再忙碌的父亲都可以成为好父亲"

1993 年，孙云晓写作发表报告文学作品《夏令营中的较量》，引发中国一场教育大讨论。从那以后，他开始"真正研究教育"。那时，孙云晓的女儿 11 岁，她自然而然成为父亲教育研究的受益人。

"孩子 10 岁之后，教育的核心原则就是尊重。知道这个原则以后，我就变得对女儿非常理解和尊重。"孙云晓说。

有一次，一个机构邀请孙云晓到南非和肯尼亚访问。机会难得，孙云晓"特别想去"。但是那时女儿正准备高考，情绪不特别稳定。孙云晓找女儿商量："你觉得我去好呢，还是不去好？"女儿想了想，说："我希望你不出差。"

"女儿表态之后，我就回绝了这次出访，到现在我也没去过那两个国家。"孙云晓说完哈哈一笑，继续总结道，"我认为，再忙碌的父亲都可以成为好父亲。因为'好父亲'不是一定要天天陪着孩子，而是心里一定要很重视孩子，当你有选择余地的时候，选择尊重孩子。"

"'好父亲'的另一个标准是看你能不能在孩子最关心、最需要解决的问题上帮助孩子。如果你对孩子的成长没有帮助，那么将来孩子对你也没有感情。"孙云晓说。

女儿小学升初中时，提出想要学习日语，报考非重点的日语特色学校北京市月坛中学。她的日语专业出身的母亲坚决反对："学日语发展空间太窄了！"但女儿很喜欢看日本动画片，也受到母亲学习日语潜移默化的影响，坚持己见。"那么我这一票就很关键，我选择赞同女儿的选择。"孙云晓笑眯眯地说，"我觉得这是她人生中一个重大的转折。她后来担任《中国新闻周刊》记者，又出任中国新闻社日本分社社长，事实证明，她当时选择学习日语也是不错的。"

2011 年 3 月，日本东北海域发生强烈地震和海啸，福岛核电站发生核泄漏，孙云晓的女儿赶赴第一线采访。最危急的时刻，中国驻日本大使馆和中国新闻社都已发出撤离通知，孙云晓的女儿却在这时与国内失去了联系。"我的天啊，太着急了！"孙云晓没有别的办法，最后在微博上"明码呼叫"：女儿在福岛失去联系，如果有人能见到她，请转告她马上撤离，并与家人联系。孙云晓也没有想到，这条信息竟然通过中国国际救援队传递到了女儿那里。终于，女儿发回了短信："一切安全，放心。但是我现在不能撤离，因为中国新闻社只有我一个记者在福岛，我撤离就没有人进行报道了。"

"当时我一方面非常担心，女儿回国以后马上逼着她去做核辐射检查，结果，她的核辐射量已经到了安全范围边缘。但是另一方面我也非常自豪，女儿这种时候能够勇敢地在一线采访，这才是记者。"孙云晓说到这儿，才长舒了一口气，"哎呀，所以说孩子长大了，父母的'教育'只能是'建议'。"

讲完亲身经历，孙云晓又从教育研究视角分析：

"人有两大发展方向：一个是亲密性，母亲具有天然的教育优势；一个是独立性，父亲具有天然的教育优势。中国存在着父教缺失问题，很多父亲不管孩子，或者跟孩子关系不好，这会影响孩子独立性的养成，尤其会使男孩失去自己成为男性的榜样，所以父教缺失是我们民族一个很大的隐患。"

"父教缺失的原因，一是受中国传统思想'男主外、女主内'的影响，人们往往认为家庭教育只是母亲的事情；二是现在'严母慈父'型家庭偏多，母亲在教育孩子上更具有权威性，甚至很多母亲对于父亲教育孩子有一定的排斥。总之，教育孩子是一件很难的事，父母仅靠老经验是不对的。我就相信一条：父母需要学习，比任何时代的父母更需要学习！"孙云晓强调说。

"贫困是对孩子巨大的伤害"

"我以前很自卑，因为家里很贫穷。"孙云晓如今平静地说着。

"首先是物质上的贫穷。印象最深的是，为了饲养长毛兔卖些兔毛贴补家用，寒冬里兔子没有草吃了，我和哥哥就要到处找垃圾站，捡人家扔的白菜帮、白菜根。你想想看，当你在捡垃圾的时候，同龄的孩子穿得漂漂亮亮地在玩耍，他们投来惊讶和鄙夷的目光，那个时候你还有自尊吗？另外，精神上也很贫穷。家里没有任何课外书可以看，连报纸都没有，你精神上不可能强大，面对贫穷只会觉得自惭形秽。"

文学"拯救"了困于贫穷的孙云晓。

他回忆说："我读了一回《水浒传》，第二天就可以给小伙伴们讲故事。他们没听过，都非常喜欢。我讲完《水浒传》讲《三国演义》，讲了几个月还'且听下回分解'。我第一次在同伴当中有了成功体验，这很重要。另一方面，文学给了我巨大的精神滋养和支撑。自从读了这些文学作品，我才知道什么是人、什么是强大，觉得我的世界不一样了。"

孙云晓循着这一线光亮，走上文学之路。这条路，用他自己的话来形容："其实我走了一条非常独特的路。"

1978年，写得一手好文章的孙云晓被选派到中央团校学习。"结业后，大部分同学都当官去了，我毅然决然地拒绝了去某中央机关的工作机会，选择去中国少年报社做记者。理由很简单：我喜欢孩子，喜欢写作，喜欢文学。这条路，第一，告别了官场；第二，又告别了学校。也有人说我写的是'次亚流文学'，因为儿童文学是亚流文学，在儿童文学当中我又是写报告文学，这不是'次亚流文学'嘛。"孙云晓一笑而过，简单地总结，"所以说，我走了一条有风险的路，一条自讨苦吃的路。"

"进入官场走仕途，或者在学校完成完整学历，这两条路都很好走。但是我坚信：作家是写出来的。"孙云晓坦言，"有时候，我也会感到一些遗憾，没有接受完整的学校教育，知识结构是不系统、不严密的。但是，鱼与熊掌不可兼得吧。"

采访前不久，孙云晓刚刚参加中国作家协会儿童文学委员会的会议。作家们在会上探讨文学与贫穷的关系，有人说："穷孩子里边出作家。"

"后来我想想，穷孩子艰难、深刻的生活体验更容易被文学之火点燃。但是，一流文学大师当中穷孩子并不多，童年的物质贫困和精神贫乏是对人一生的制约。"孙云晓声音沉重地说，"贫困是对孩子巨大的伤害！"

全国教育经费投入占 GDP 比重已经进入超 4% 阶段。国务院总理李克强在部署全面改善贫困地区义务教育薄弱学校基本办学条件等工作时指出，治贫先重教，发展教育是减贫脱贫的根本之举。要切实把宝贵资金用在"刀刃"上，真正造福贫困地区 4000 多万孩子，托起他们创造未来美好人生的希望。

教育经费投入的"刀刃"在哪些方面？

孙云晓认为："首先是营养午餐，第二就是图书，保障孩子最基本的物质需求和精神需求。第三是体育器材，第四是科普设施，这是目前中国贫困地区教育的短板。当然还有一个重要方面就是教师培训，我有一个观点：好老师比好学校更重要。"

成功之路往往并非坦途：也许要冲破贫困的命运枷锁，也许要面对艰难的人生选择，孤独地向未知走去，只靠着微弱的理想之光。孙云晓走通了这条路，为什么？他回答说："因为有一个梦想，因为从 11 岁走到现在 59 岁，因为会一直走下去。就是这样。"

（感谢北京一零一中学对本次采访的支持。）

原载于《人民教育》2014 年 06 期

音乐点亮人生

——访美籍华人指挥家胡咏言

邢 星 于 东

罗恩菲德在其美术教育经典著作《创造与心智的成长》中写道："艺术教育对我们的教育系统和社会的主要贡献，在于强调个人和自我创造的潜能，尤其在于艺术能和谐地统整成长过程中的一切，造就出身心健康的人。"

艺术教育如此重要而根本，但是当下，"艺术教育依然是学校教育中的薄弱环节，存在诸多困难和问题，艺术课程开课率不足、艺术活动参与面小、艺术师资短缺的状况没有得到根本改善，农村学校缺乏基本的艺术教育，艺术教育的评价制度尚未建立"——教育部今年发布《关于推进学校艺术教育发展的若干意见》，指出以上种种问题。

我们带着这些问题，联系采访指挥家胡咏言先生，他是这样回复的："你们要采访我，我也很愿意来帮助你们，因为我知道我们讲的都是音乐，而且是艺术教育，这很重要。"

家传小提琴："音乐教育应该与语言教育一样"

胡咏言出身于上海一个音乐世家。

"那时候外祖父教琴，我就一天到晚地听。有一次，他的一个学生拉错了，我突然指出来说：'刚刚那个错了！'他们很惊奇，因为我那时才 5 岁，而且从来没有'学'过琴。"

"外祖父觉得我有音乐天赋，就自己做了一把儿童小提琴给我，开始教我拉琴。我不识谱，他拉一句，我就跟着拉一句，像游戏一样。"

是胡咏言天赋异禀，还是音乐启蒙本该这样水到渠成？

胡咏言说："其实音乐教育应该与语言教育一样，都是学习辨别声音，它也有规律。只是音乐比我们讲话的声音丰富得多，所以熏陶很重要，确实早一点接触比较好。但是现在的家长有点疯狂，从胎教就开始，恨不得孩子今天学第二天就学成什么，逼孩子逼得挺厉害。我们学说话，有的孩子开口早，有的孩子开口晚，倒也没有家长着急，逼小孩学语言。"

"一旦进入所谓的音乐'学习'，又是另外一回事。拉小提琴的姿势就是一个违反自然的姿势，"胡咏言一边歪头曲肘示范夹琴和持琴动作，一边拉着空气"琴弦"继续说道，"练琴是件很枯燥的事，就是一遍又一遍，一遍又一遍。这是一个过程，到一定阶段开始喜欢，过一阵子又不喜欢了，循环往复，跟学中文、学英文、学做任何事情都一样。"

1977年"恢复高考"，拉小提琴出身的胡咏言却报考了中央音乐学院作曲系，第二年又转入指挥系，这是怎么回事呢？

"我父母都是上海交响乐团演奏员。我很小时，他们排练我就一直坐在旁边听，从小就对交响乐很好奇。那个声音非常有魔力，我一直喜欢。1972年我中学毕业到上海歌剧院乐队拉小提琴。与乐团合作5年，开阔了视野，我逐渐发现自己对作曲、对指挥感兴趣。"

从启蒙教育、基础训练、专业学习到继续深造，每个人的音乐学习过程或长或短，伴随着各种可能性。其中大多数人最终不会走上音乐专业道路，就像胡咏言的女儿一样。

"我外祖父做的那把小提琴后来给了我女儿，她小时候也学过琴，现在在纽约大学阿布扎比分校读语言类专业，写作特别好。"女儿没有学习音乐专业，胡咏言也不觉得有什么大不了，"但是她爱好音乐，这是一辈子的事情。"

音乐教育是不是与家庭教育关系尤为密切呢？

胡咏言想了想，说道："在古典音乐的发源地欧洲，谁来教音乐呢？是家长。但是现在的家长也慢慢出现了断层，或者有些地区和国家的家长不具备这个素质，那么音乐教育的责任谁来担？就是学校。"

Peer Pressure（同侪压力）："什么是好学校？好同学、好同伴最重要"

1977 年，胡咏言进入中央音乐学院开始专业学习，师从新中国第一位女指挥家郑小瑛。

"郑老师教会我很多东西，但是我常常想起的是她说过的一句话：'小胡，你应该要求上进'。"胡咏言回忆说，"那时候我头发留得很长，但是郑老师从来不会直接批评你说：'这头发是怎么回事？'她只说：'小胡，你应该要求上进啊！'"

作为"文革"后恢复高考的第一届大学生，胡咏言怎么可能不"要求上进"，只是同学中总有人比你更上进，那究竟是一个什么样的学习氛围？

"我们学校那一届考上 3 个贵州人，大家叫他们'贵州三雄'。那时候，中央音乐学院入学考试考和声，全贵州只有一本教材，他们就轮流着，每人看一个星期。这么难，三个人同时考上了。"

"其中有一个人叫马剑平，刚开学没多久就抱了一本总谱跟我说：'胡咏言，这个有机会帮我指挥一下。'那本总谱这么厚，"胡咏言抬起右手，用拇指和食指比出近两寸的厚度，哈哈笑着，继续说道，"我们那时候顶多写个 5 分钟的小曲儿，这个总谱要演一个小时，吓坏我们了。那部交响乐到现在我还记得，叫《呐喊》。"

胡咏言感慨地说："我们这一届，很多都是工作几年后考的大学，有的人孩子都上小学四年级了。对于他们来说，读书真的是一次改变命运的机会，而且几乎是人生中最后的机会。那种迫切感，那种渴求，形成了一种氛围。我是班里年纪小的，之前生活和工作的环境都比较舒适，本身对上学读书没有那么强烈的感受，但是我时时刻刻感觉得到周围的环境。"

"什么是好学校？好同学、好同伴最重要，这个学习环境比好老师、好校园对你的促进更大。"胡咏言由衷地说。

1985 年，胡咏言赴耶鲁大学深造，随后作为布鲁诺·瓦尔特奖学金获得者进入茱莉亚音乐学院攻读指挥专业，1989 年取得硕士学位。

美国的学习氛围与国内相比，有多大区别呢？

"那时候，美国学校的开放自由程度根本无法用国内的尺度来衡量，早就'爆表'了。几百门公共课可以任意选，老师上课根本不点名，考试没有标准答案，中国学生都不知道该怎么念书了。"胡咏言的普通话带着点上海口音，偶尔还掺杂些英文，"这个时候，Peer Pressure——就是同学、同屋、同伴之间的压力开始发挥作用了。"

"美国大学最受欢迎的公共课，几百人在一个大的阶梯教室里一起上课，教授根本不可能给每个人批改作业、试卷，所有课程的评价主要是依据同学之间分组讨论的情况。除了课堂上的讨论，跟这些同学一起吃饭，一起泡吧聊天，时时刻刻有比较。我在美国大学结识的最好的朋友，都是通过公共课。"

回忆到这里，胡咏言忽然停下来思考了一会儿，转而说道：

"好的美国大学都有'学业顾问'，就是把学校老师全部组织起来，每人负责十几个学生。在我们报名的第一天就约好时间见面，学业顾问通过聊天了解学生的兴趣、志向、英语水平等等，然后针对每个学生的特点建议我们选修哪些课程。

"教师列出的参考书在学校的教材图书馆都有；有些'书'根本没有出版，就是这门课的老师专门编写的教材，也统一用白书皮装订好供学生借阅。这座教材图书馆，当年真是解决了好多穷学生没钱买教材的难题。

"美国学校就是好在这种服务，它是为学生读书而服务。"

马勒交响曲："音乐是心灵的分享"

"人耳能感受到的声音频率范围是多少？20～20000赫兹。我们正常说话的声音频率范围是多少？大概在200～700赫兹，是其中非常窄的一段频率范围。音乐的频率范围宽广得多：大贝司的声音可以低到40赫兹，钢琴最高的音可以达到4000赫兹。你想想看，在一个交响乐队里，长笛、黑管、提琴、圆号……这么多种乐器都有不同的声音频率，再加上它们的overtone——泛音，就像一个声音'石子'扔到水里后泛开的层层'水波'——如果这些音波我们能够看到的话，那简直是一幅太美妙的画了！"

胡咏言跟我们互动着，于轻松的、生动的言谈间普及着音乐知识，在他担任指挥的音乐会上，胡咏言也常常这样讲给听众。听音乐是一种享受，听胡咏言讲音乐也是一种享受。

"欣赏音乐需不需要条件？需要。有人说，这个条件是'懂音乐'。不是的。我们希望来听音乐会的人具备的第一个条件是：敏感。"胡咏言解释说，"大多数时候，我们的情感系统是关闭的，尤其在当今社会的各种压力下，人们渐渐变得麻木、冷漠。但是欣赏音乐，要把这些关闭的情感之门一扇一扇地打开：爱、恨、情、愁，快乐、悲伤……如果一个人能够拥有这样开放的情感系统，他会更多地体验到世界的美好。"

"情感之门有的一次就可以打开——有些音乐，你一听就喜欢，甚至'听懂了'；有的情感之门很难打开——有些音乐，你听一次觉得不好听，再听还是不喜欢，可是一直听下去，也许慢慢地就喜欢了。这就是欣赏音乐的第二个条件：要有一个认知过程。"

胡咏言讲起他与马勒交响曲的故事，那是一个令人印象深刻的音乐认知过程。

1978 年，胡咏言在中央音乐学院学习指挥的时候，曾借来一本《马勒第一交响曲》的乐谱，"只看了 3 页就还回去了，完全不知道该怎么入手"。

20 世纪 90 年代，胡咏言第一次与中国国家交响乐团合作，演出曲目是《马勒第五交响曲》。"马勒的音乐，突然'狂风暴雨'，然后突然'晴空万里'，张力特别大，乐曲特别长，所以越是年轻的指挥家越喜欢去表现马勒。但是在年轻的时候，与其说我们是要表现马勒，还不如说是要表现我们自己的能干。"胡咏言坦言。

"后来，越来越多地了解了马勒的身世背景，自己的阅历也慢慢加深，现在再指挥马勒，不是表现自己或者表演马勒，更像是我们在与马勒进行一场心灵的沟通。"胡咏言斟酌着遣词造句，尽力用语言阐释着这种难以言表的"心灵沟通"，"有人说马勒的音乐就像一部血淋淋的电影，听着很不好受，又这么长，可是为什么马勒的音乐当今突然特别'火'？马勒生活在第二次工业革命时期，那是一个社会变迁的时代，与我们今天所处的数字化革命时代一样，每个人对于社会的剧烈变化都有自己的不理解。马勒的音乐就是写这种'不理解'，你听到这样的音乐，最起码是听到另外一个声音，他理解你的'不理解'。"

胡咏言转而感慨道："音乐的这种沟通多么奇妙啊！马勒出生于1860年，他连一句中文都不会说，你跟马勒素不相识，但是通过音乐，你们互相理解。所以听交响乐不需要你用智慧去认知它，而需要你用心去感受它，因为音乐最主要是心灵的分享。"

小学生音乐会：音乐教育在追求"公平的高尚"

"我希望，我们的教育主管部门最起码能够保证让每个孩子，在小学毕业以前，听上一次现场音乐会。"对于音乐教育，胡咏言想必早有思考，话题刚转到这儿，他就提出了具体的建议。

胡咏言深思熟虑地说："这'一次'音乐会要普及到中国所有小学生，数量很惊人，其中会牵涉到很多问题。美国公共学校在音乐教育方面有一些经验，也许可以给我们提供参考。"

接下来的访谈时间里，胡咏言知无不言，言无不尽，我们可以从中感受到一位艺术家的担当：他以音乐教育为己任。

"美国学生从小学四年级开始学音乐，这是美国许多州的法律规定。所以在三年级的时候，学生就要开始选择他们想要学习的乐器。州教育主管部门和这个州的交响乐团有责任给孩子们办音乐会，让他们亲身体验音乐。音乐会一般在春季举办，通常持续两个礼拜。"

在美国工作期间，胡咏言曾先后担任内布拉斯加州林肯交响乐团、明尼苏达州德鲁斯交响乐团的艺术总监，十几年过去了，他至今对这为期两周的小学生音乐会印象深刻：

"这个季节正是下雨、下雪的时候，许多警察加班来维持交通，还有很多志愿者帮忙指挥校车，在外面一站两个小时。仔细一看，我们交响乐团董事会的老头、老太也在做志愿者，我很感动。

"我们一天要演四五场。更有意思的是，美国工会规定一场音乐会不能超过3小时。小学生音乐会是国家埋单，政府为了省钱，要我们3小时之内演两场算一场的钱。怎么办呢？我们就一个小时演一场，中间半个小时上半场学生出，半个小时下半场学生进。学生一出一进的时间和顺序都演习过，精准得像机器运转一样。

"音乐会曲目由交响乐团选择，我们通常会选一些美国动画片里格调比较高的配乐，比如《星球大战》的 *The Imperial March*（《帝国进行曲》），但是还是以古典音乐为主，比如贝多芬。

　　"有时候，我们会请小孩上台互动，一个一个地展示乐器，我也教他们指挥。也许再过 15 年，有人成为音乐家或者指挥家，他会回忆说：小学三年级的时候，学校组织我们听了一场音乐会……

　　"这场音乐会之后，孩子们回到学校就开始选择自己喜欢的乐器。美国的音乐教育也存在师资短缺问题，他们怎么解决呢？比如一名弦乐老师，他一个人大概要教一个学区的弦乐学员，早上 9 点在这所学校，11 点又赶去另外一所学校，很忙。"

　　胡咏言事无巨细地一口气说下来，这其中又蕴含了多少对中国音乐教育的担忧与期盼呢？

　　"我们的音乐教育，精英部分做得非常好，但是教育资源如何分配才更合理？应该让更多人能够拥有接受音乐教育的机会，最起码让我们的孩子都能够听到一次这么美好的音乐。音乐是高尚的，音乐是公平的，我们追求的音乐教育也应该体现出这种'公平的高尚'。"

　　采访结束的时候，我们请胡咏言寄语《人民教育》。

　　"学习音乐是一辈子的事情，推进音乐教育也要一步一步地来。"胡咏言一边说，一边郑重写下：音乐点亮人生。

作者邢星系《人民教育》记者，于东系法制日报社记者

原载于《人民教育》2014 年 18 期

欧阳中石先生的学校情结

欧阳启名

父亲从 5 岁开始进泰安府衙门小学读书，至今他已经在学校中度过了 82 个春秋。

从　学

在那个战乱的年代，逃难中，他时而进私塾，时而辗转于山东各地，博山的考院小学、济南的制锦市小学，从农村到城市，他终于在战争中念完了小学，考入了山东省立中学。抗日战争胜利那一年，他在考高中时，未能如愿继续进入山东省立中学，只得到济南市立高中读书，但第二年他又考回山东省立中学。因此，他小学念了 3 个，中学念了 2 个，与他同窗的学友也自然很多。

1950 年，已在济南穆光回民小学工作了 2 年的父亲考入了北京的辅仁大学，第二年又并入北京大学哲学系。由是，大学又是 2 个，同学又不少。

为　师

1954 年父亲大学毕业，本可以留校或留在研究部门的父亲却"莫名其妙"地被分配到了河北省教育局。于是，他去了河北省当时的省会保定报到，却被告知来晚了。怎么办？没关系，这一天晚上，他"票戏"去了。第二天，他在地图上找离北京最近的地方，看到了通县女子师范学校，但女师只需要体育教师。父亲在大学时已经获得了跳高二级运动员的身份，又是北京大学篮球队的主力队员，就这样，他在通县女子师范学校做了一名体育教师。

后来通县女子师范学校被改为男女合校，更名为通县师范学校。在这所师范学校中，父亲度过了他的青壮年时代，他经历了"反右""四清"等政治运动，更经历了无产阶级"文化大革命"的洗礼。在这里，他欢笑过，成功过；在这里，他挨过整，也劳改过；在这里，他患上了美尼尔氏综合征，却被造反派称为"装病"，甚至他多少次摔倒在造反派的面前，也没有得到休息。

"文革"中，通县师范学校被撤销，父亲被分配到通县二中。在这里，他为了救一名年龄与我相仿的女孩子，右脚被汽车碾过，挂上了一根拐杖；在这里的课堂上，同学们看着正在上课的老师的嘴巴歪到了一边，他在课堂上得了脑血栓。

20世纪70年代，父亲的老领导鲁桐校长把他调到了北京171中学，在这所中学里，他实现了语文教学改革的愿望。

20世纪50年代，父亲曾参与编写中等师范必修课教材《语文基础知识》，在文学、汉语、文字、修辞以外，他特别加入了语言逻辑的内容，这也为他在北京171中学的语文教改打下了基础。

在171中学语文组任教时，父亲对学生学习语文课的时间过长进行思考。他常说，一个人从小学、初中到高中，12年的时间都要学习语文，如果大学念中文系，还要再加上4年的时间，相对于一个人的生命来说，太浪费时间了。

171中学的语文教改实验在初中一年级试点，全部教材由父亲一人统筹，他采用了包括字法、词法、句法、章法、修辞法和思维逻辑法的"六法"教育。从字法入手，讲造字之法，讲偏旁部首，分类归纳，学生不但很快掌握，并且能熟练运用，让学生在解决阅读问题的同时，逐步掌握书写文章的规律。父亲认为，一个人掌握字词规律只需要三年的时间。3年学习之后，他的实验班的学生参加全国统一高考的语文考试，那年东城区语文考试的平均成绩是52分，而父亲的初中三年级学生的平均成绩为58分。

这个没有被推广的语文教育改革是父亲综合运用文字、语文、逻辑的知识取得的成绩，虽然这个改革渐渐被人淡忘，却为父亲30年后承担的国家重大科研项目"汉字的认知与表现"奠定了坚实的基础。

教改的成功令多少老师获奖、提级，而他这个主持人却什么也没有得到。然而，他觉得这个付出是值得的。虽然他的教改被当时的一位教育管理机构的领导一言以"毙"之："初中就学完了高中的课程，高中3年干什么？"好荒唐的论点，但父亲毕竟因此调入了北京师范学院，也就是现在的首都师范大学。

在这所大学里，父亲回归了正业，在教育科学研究所讲授逻辑课程。同时他还承担着逻辑与语言函授大学、书画函授大学的教材编写工作，也同时承担着人民大学一分校、财贸学院和北京市财贸职工学校的逻辑课程。那是1985年的暑假，他带领人大一分校的老师们考察了西安、洛阳、泰山一带的书法遗迹，发现了基层文物保护工作中的一系列问题，决意在北京师范学院创立书法专业大专班。于是，才有了首师大从专科到本科，到硕士生、博士生，再到博士后的完整的书法专业教育体系的逐步完善，才有了全国各高校书法专业的遍地开花。为了书法教育事业，他87岁还坚持为学生授课；为了书法教育体系的逐步完善，他两度患上了脑溢血。

在这所大学里，因为他引领中国书法教育事业，他几乎走遍了全国各地，在北大、清华、人大、北师大、中央党校……，在中学、小学的课堂上，在全国各类职工工会的书法讲堂上，在校外书法兴趣班上，甚至在监狱里，他都根据各层次的人员实际，以书法弘扬中华文化。

书法教育事业的起点

对于父亲来说，书法教育的起点并非80年代的北京师范学院，而是在60年代的通县师范学校。60年代初，父亲就参加了北京市教育局组织的书法教材编写工作，为学生书写过仿影。

那时的通县师范学校招收的是北京郊区的学生，学生们大多来自农村，他们十分珍惜在学校学习的宝贵时光。

在通县师范学校，全体学生每周都有2节习字课，虽然是自习，但没有人懈怠。父亲负责各班查堂，学生根据爱好选择临习的字帖。每当查堂时，同学们都争取临座指导，他会用手指着字帖上的某字，又转而点点学生所临的字，不直接指出不像之处，而是问："你看出什么了？"最后才讲出自己的看法，指出失误的地方。他总说：临什么要"像什么"，由像什么再到"是什么"，要先求"像"，要动脑子，分析帖，读帖。不读帖，只求遍数，那就很可能与帖上的字不一样。

在父亲的倡议下，通县师范学校在南院设立了一个习字室，为师生提供学习交流的场地。室内四周课桌围绕，桌上摆放着字帖和砚台，还有大块的城砖。蘸水在城砖上写字，随写随干，可反复写，练字方便。习字室白天开放，直到晚自习下课才上锁，为全校师生练字提供了太多的方便。上课前、课间十分钟、饭前、饭后，写一写，翻翻字帖，既是读帖，也是欣赏。不仅如此，父亲还组织了习字活动小组，在习字室举办通师人习字展览，校长李一农伯伯带头参展，各位老师意兴十足，学生们的作品则从大仿作业中选出。师生联展，满室墨香。因此，通师的毕业生都写得一手好字。在"文革"的"牛棚"中，父亲少去了许多折磨，因为"红卫兵"们都想得到一份父亲抄写的37首毛主席诗词，找个缘由就"揪"他出来写"揭发材料"，几乎人手一册呀。这才有了今天他们可以炫耀的那几十本父亲用小楷抄写的《毛主席诗词》，直到今天父亲还在感谢他的那些学生们。

父亲总说做学问犹如垒金字塔，下底不宽就支撑不了它的高度。父亲对于书法教育的追求又何尝不是如此，没有前边的铺垫，就没有后来的成就。习字不是一件简单的事，研究书写的学问就更非易事。

对学生的宽容

父亲于学生时代，受到过很多大师级老师的教诲，也享受过他们的宽容。他对于自己的学生，也给予了无限的宽容。他爱护自己的学生，包容自己的学生，也宽容所有的朋友。然而山东人骨子里就有一股"倔劲儿"，对一些事情，父亲也有绝不姑息之时，也就会得罪人。被他"得罪"的人，往往会恼羞成怒地讥讽、斥责，甚至诽谤于他，而他也总是一笑了之。他把这一切都看作是晚辈人的任性而搁置一旁，因为他坦然，他所做的一切事情都对得起良心，对得起学生，对得起社会。

父亲的这份宽容，曾经令我羡慕，曾经令我"气愤"，也曾经令我"妒忌"。然而当我也桃李成行之时，我很自然地理解了他，我以他为骄傲，以他为榜样。

世界真小，循环往复得也太快。21 世纪，恢复于"文革"之后的通县师范学校，竟然并入了首都师范大学，而我也成为了首都师范大学初等教育学院的一名教师，也承担着中小学书法教育的研究与培养工作。陪同父亲来到了他半个世纪前工作的校园，来到我童年时曾经与大哥哥、大姐姐们一同玩耍过的操场，通师的面貌大变，只有那古旧的阅览室依旧是当年的风貌。

在举国上下重视中国传统文化的今天，在教育部重视中小学生书法教育的今天，我盼望在首都师范大学初等教育学院的校园里再建起一间习字室，延续父亲开创的习字基地，让书法艺术在师范院校得以更好地承传。因为这里不仅是父亲从事书法教育的起点，也是我国师范院校书法教育的开始，是现代中国书法教育的开端，更是我国书法教育的未来。

父亲的学校情结，说明了一个道理：一个人所取得的成就不是偶然的，它需要铺垫，通师的习字室、习字课，北京 171 中学的语文、识字教育的改革，逻辑与语言函授大学、书画函授大学的远程教育，都为父亲开创的中国书法教育事业奠定了坚实的基础，使他一步一步、踏踏实实地成就了书法教育的今天。

作者系首都师范大学初等教育学院教授、艺术考古学博士研究生导师、中小学书法教育研究中心主任、中国书画鉴定研究中心主任

原载于《人民教育》2015 年 09 期

崔晓东：从传统内部找到通往现代之路

葛　娜　　邓文卿

第一次见面时崔晓东给人的感觉像是一位普通得不能再普通的老者，完全颠覆了我们印象中动辄长发及肩、双鬓胡髭的艺术家形象。

格子衬衫、休闲裤、老式布鞋，低调得质朴。与他交谈，平静得几乎没有起伏，却时刻能感受到他的博学、坦诚和谦逊。

既要保护孩子的天性，也要适当加以引导

在40多年的绘画人生中，崔晓东始终认为，"兴趣是最好的老师"。

崔晓东的绘画之路始于小学，当时正值"文化大革命"时期，学校教学秩序失常，文化匮乏。有一次，他偶然地在同学家发现了几本介绍绘画技法的书。

"在那个年代，比起单一的样板戏，绘画是新鲜事物，那几本书给我打开了一个全新的世界，我一下就被吸引住了。"回忆起当时的情景，崔晓东眼睛里不经意闪过一丝兴奋的光芒。

没有专业老师，没有专业工具，他只能比着书用铅笔写写画画。他还到处搜集各种跟绘画有关的资料，杂志封面、封底成为他描摹的对象。那时候，杂志还属于稀缺资源，搜集起来难度非常大，但"书非借不能读也"，正是因为稀缺而倍感珍惜，每找到一本画册，崔晓东都会认真地临摹、研究。资料虽然少，但都物尽其用。

崔晓东说："这种'少'，反而增强了我对绘画的认识和理解。"

经过一段时间的自学后，崔晓东有了一些基本的绘画技能，绘画水平显现出来。他经常被安排去办板报、刻钢板、画毛主席像等。没事的时候他依然热衷于到处收集绘画材料，贴在一个大本子上，以便经常翻看和临摹。这

种热爱至今持续了 40 多年。

到了今天，当资料书籍铺天盖地，校外课程眼花缭乱，孩子要怎么学画画，美术教育又该如何开展？"保护天性"和"干预引导"两种观点争论不休。

崔晓东的观点初听起来有点中庸：既要保护孩子的天性，也要适当地加以引导。但细究之下，是有现实依据的。

崔晓东说："现在的儿童绘画存在两方面问题，一方面是孩子的绘画过于随便、随意，漫不经心；另一方面是大人过多地干预，儿童学大人，丧失了儿童绘画应有的灵性。"

为此，崔晓东认为，既要小心翼翼地保护孩子的天性，给他们无限的想象力和创造性留足空间，又要把观察事物的方法、基本的绘画方法、工具材料的使用等教给孩子们，因为技巧技法的学习不会影响孩子对事物的个性化表达，只会增加绘画的表现力。

他认为，不同的年龄阶段，美术教育的内容和方式方法应有所不同：

"四五岁的孩子画画，告诉孩子画的过程要注意什么，引导他，这个时期重点是保护孩子的天性和想象力。"

"稍大一些，到了七八岁，就要向他讲绘画的各方面知识，比如如何观察、构思、构图，怎样使用工具材料，还有一些绘画形式的特点和表现手法。"

"再大一点到小学高年级，就可以进行一些正规的基础学习了。"

这对学校、家庭都提出了要求。

虽然没有执教过中小学，但在炎黄艺术馆承办的多项儿童美术教育活动中，崔晓东对中小学美术教育存在的问题表示忧虑：

"一是学校重视不够。大多数学校还是强调升学率，强调语文、数学等考试科目的分数，像美术、音乐这样的课程还是没有引起足够的重视。"

"二是教育方法不科学。有一次，一群小学生在炎黄艺术馆看画展，孩子们手里都拿着一个本子，我还以为他们是在临摹，走近一看才发现他们是在记录画和作者的名字，因为老师布置了作业，回去要考查。而正确的方式应该是，老师给学生讲作品，启发学生怎样解读和欣赏作品。"

对于家长，他建议："经常带孩子逛逛博物馆、美术馆，多看一些优秀的艺术作品，从小耳濡目染，培养孩子对艺术的热爱，培养孩子审美的眼睛和持之以恒的学习精神。"

"我喜欢这种状态，既是画家，又是教师"

兴趣给了崔晓东想当画家的梦想，推动着他40多年来一直朝这个方向努力。但他坦言，有了兴趣之后，"老师就是最重要的了"。

少年崔晓东把全部心思都用在画画上了，上课时画速写，有时候被老师发现，挨过批评，也受过表扬。

一次语文课上，崔晓东在下面偷偷画老师，被这位老师发现。老师拿起他的画看了一会儿，然后说："画得不错，还挺像，有点儿天分。"老师的话让他信心倍增。

在中央美院，第一位给崔晓东上素描课的老师是靳尚谊先生，他当时还是一名普通教师，后来担任了14年中央美院院长，也担任过中国美术家协会主席。

崔晓东回忆说："靳先生上课非常认真，讲课通俗易懂，简洁明了。他们那一代老师讲课没有玄虚之说，直截了当，言简意赅。"

有一年，放寒假之前课程就要结束了，崔晓东正在画一幅素描，总觉得画不好，情绪很低落。崔晓东到食堂吃饭，偶然与靳先生坐到了同一张桌子上，崔晓东把自己的苦恼告诉了他。靳先生马上说："不，你画得很好。"

只短短的一句话，崔晓东的沉闷一扫而光，顿觉信心大增。"这就是老师的力量！"崔晓东说。

后来，崔晓东在中央美院国画系教学也是以鼓励为主，这大概是受了靳先生的影响。崔晓东说："还有很多老师，李可染先生、蒋兆和先生、李琦先生、李行简先生等，这些大师无论做人还是作画都对我影响至深。"

崔晓东说，他喜欢教师职业。1999年，他曾获得中央美术学院优秀教师奖，在这些年积累的许多奖项中，他最珍视这一个。在写画家的艺术简历时，总不忘把这个奖写上去。有人非得问他："你是喜欢当画家，还是教师？"他回答："我喜欢这种状态，既是画家，又是教师。"

我们问他："美术教师的核心素养是什么？"他说："一个合格的美术教师，要有非常好的艺术修养，同时还必须研究教育规律，研究学生的个性特点和差异，进行有针对性的教学。"

他说，作为教师就要全身心地投入教学。"你为学生讲课，讲些什么？"这是他做教师问自己的第一个问题，他每次都作充分的准备，看很多书。

"我们这代人社会阅历丰富，说'饱经风霜'也不为过。但我们有一个缺陷就是没有系统地读书。"为此，他给自己的定位依然是一个学生，每天都要拿出时间读书。指导学生临摹之前，他还会自己先临一遍。两小时的课，准备下来常常花费几周时间。

他笑着说："我们的很多学生都是大学教师，你讲的内容必须有深度和高度，否则你指导人家什么？"

艺术要有根，离开了自己的文化传统，就是无根之木

崔晓东说，父亲用"东方红"为几个兄弟取名，作为长子的他，便叫"晓东"，这似乎冥冥中为他结下了与中国文化、与传统艺术的不解之缘。

然而，从最初学画到研究生毕业，崔晓东一直画的是人物画，算算也有十几年了。这十几年中，几乎没有画过山水、花鸟。也许是心境到了，偶然夹带着必然，又一次改变了他的人生。

研究生毕业那年，崔晓东回老家过暑假，在一本小画册中看到了几幅黄宾虹的山水画，觉得很有意思，就照着画。工作之后，他就忙里偷闲画些小山小水，意在消遣。

上世纪 80 年代末 90 年代初，是传统文化最倒霉的时候。看到崔晓东画中国山水，很多朋友言语中带着不可思议："还画这个呢？"

那时候，"破坏"的风气很盛，都认为中国的东西不行，拼命吸收西方的东西来改造东方的东西。

但是，画着画着，崔晓东吃惊地发觉：生长在这片土地上的这代中国人，对中国艺术的了解非常有限，甚至不如对西方艺术了解得多。他发现，中国画的很多形式因素和规律性的东西都隐藏在山水画之中。这让他对山水画产生了研究的兴趣。

虽然还很模糊，但他隐隐约约地觉得：艺术要有根，离开了自己的文化传统，就是无根之木。于是，他更加好奇，想更多地了解传统绘画艺术。

崔晓东最初的想法是画一段时间山水，学学传统，然后再回来画人物，

毕竟人物画花费了他多年的心血，该到开花结果的时候了。没想到，他对画山水的兴趣越来越浓，无法自拔。

"中国画博大精深，是中华民族优秀的艺术传统和艺术形式，它凝聚着中华民族的智慧、性格、心理和气质。比如徐悲鸿画的马，表现出一种奋勇向前的精神和力量，画面中透露出一种悲壮的东西；齐白石的花鸟画，表现出一种对田园、对生活的热爱；中国的山水画表现出山河之壮美，天人合一的和谐……"

崔晓东认为，了解和学习中国优秀传统文化，于个人可修心，于国家可富强。

于个人，当他起笔作画，就会觉得心非常静：平时的烦恼、忙乱的心绪都没有了，仿佛走进林泉丘壑、云烟风物之中。

于国家，他强调"强大的国家必须要有强大的文化来支撑"，"建立中小学生的文化自信，我们的优秀文化才能薪火相传"。

他曾经去过一些历史文化比较悠久的国家，"在这些国家，我时刻都能够感受到浓郁的无处不在的本土文化和历史痕迹，可以说是渗透到了人的一举一动和每一个角落"。

"相比较而言，我们的文化丢失得太多了。"他沉痛但也欣喜于国人近些年对传统文化的再重视。如何将这种文化自信传达到孩子们心中？

崔晓东说："可以让孩子们读读诗文，写写书法，学学中国画，让学生多感受、多接触、多学习、多体验，让学生真正感受到优秀传统文化的美丽。"

"还需要我们将传统文化与社会环境、生活环境、文化环境相融合，让优秀的传统文化渗透到生活中的每个细节、每个角落，陪伴孩子的成长。"

而崔晓东自己走的也正是一条继承与发展的路。著名肖像画家李琦曾这样评价他："他的山水画，继承了中国正统的山水画传统"，又"将现代人的学识、修养融合在传统的山水画之中，不显露痕迹"，"他试图在传统内部找到一条通往现代之路"。

这条路艰辛而充满希望！

作者单位系中国传媒大学

原载于《人民教育》2016 年 23 期

第四辑

给学生带得走的美好

西川：教学生做当代人

冀晓萍

穿过中央美术学院错落有致的现代校园，我想：当代著名诗人西川是否像这些现代建筑一样，冷峻而不可接近？

走廊那头，他从教务中抽身，匆匆赶来，一身谦和。走进只标着房间号的办公室，我在堆满了书的沙发上找了个角落坐下来，他递给我一瓶水。进入话题，没有过多的寒暄，竟像多年的老朋友一样放松地聊起来。

每个人的转变都有契机，并不都是死去活来的大事，也可能就是一件小事

早在上世纪 80 年代那个"诗歌黄金时代"，还在读书的西川就凭《秋声》和《人说……》闻名校园，与海子、骆一禾并称"北大三剑客"。

著名诗歌评论家唐晓渡评价西川是一个"一开始就成熟的诗人"。每个孩子如果有主动性的话，都会经历一个自我教育的过程。而西川的成熟，是在阅读中实现的。

30 多年前，西川就读于北京外国语学院附属外国语学校，归当时的外交部管。该校已于 1988 年停办，许戈辉、孔东梅就在最后一届学生当中。

"文革"期间，别的学校焚书、禁书，这所学校却为学生守住了图书馆的大门，尽管所有书前面都插入了一段毛主席语录或者鲁迅的话。西川从那时起，接受到了一些"真正的知识"。

高中与当时的北京外语学院对门，西川还跟同学混到外语学院的图书馆里去跟大学生们一起看书。他看到一本《外国文学》杂志，封二、封三、封四上刊登着大幅图片，说的是法国哲学家萨特去世了，巴黎成千上万的人为

他送葬，路边挤得水泄不通，有的人甚至爬到树上、屋顶上。

"那时候，我不知道谁是萨特，我就想，为什么大家要为这个人送葬？"为了找到答案，西川遍查资料发现，萨特是法国的存在主义哲学家，对20世纪全世界的思想都有很大影响。"由此，我开始接触萨特的存在主义，然后对整个存在主义都产生了兴趣，存在主义与尼采的关系，海德格尔的存在主义，克尔凯郭尔的存在主义，全涌过来。"

"我又赶上了80年代，是一个思想解放、思想启蒙的时代。'文化大革命'已经结束，要努力反思前头的时代，还对现有的、主流的意识形态进行反抗。"

"每个人的转变都有契机，并不都是死去活来的大事，也可能就是一件小事。""文革"后期，大家都在批《水浒传》。西川读《水浒传》时，发现里面常常出现"有诗为证"，觉得太有意思了，从此开始写诗，并为诗歌所塑造。

在阅读和思考中，少年西川安稳、自然地完成了自我教育的历程，也为后来的一切抹好了底色。

如今，西川被诗界称为"中国最有学养的诗人"和"中国最国际化的诗人"。

传统文化教育必须从"当代性"出发

在西川的办公室里，环壁悬挂的都是五代北宋山水名迹的复制品，这似乎与"当代诗人"的角色不大相称。

西川在中央美院教授古代文学。"我自己非常热爱传统。"他话锋一转，"但传统对我来讲，绝不是为了把我变成一个古代中国人，而是让我获得加持之力，成为一个响当当的当代中国人。"

"当代性是理解古人的必要条件。"他认为，传统文化教育必须从"当代性"出发。

"学习传统，就必须搞清楚传统是什么。中国传统不仅是戏曲和杂耍，中国的大传统是儒家传统。要了解中国传统，必须去读'四书五经'，读《大学》，读《中庸》，里面最基本的东西是'格物、致知、诚意、正心、修身、齐家、治国、平天下'，到宋代这被总结为'为天地立心，为生民立命，为往圣继绝学，为万世开太平'。"

"这套'形而上学'不存在于'古代'这个符号里，而是存在于古代的场景中。古人也生活在自己的当代，跟今天一样内部充满了辩驳，我不同意你，你不同意我。要去研究他们是如何从中建立繁荣的，他们的创造力在哪里。"

"比如，'天时'之说，是古代农业社会的产物。农业社会要耕种、打猎，什么时候下种，什么时候收获，都必须遵从时令。春天不准上山打动物，因为动物要交配繁殖。如果不去了解中国古代的狩猎、中国的耕作，你就不理解传统，也就学不到精髓。"

"只有从他们的场景来联想我们的场景，才能建立起传统和今天的关系。从这个角度看，中国的传统文化就不再是死的，而是有生命力的。"传统文化教育也就建立了内在的逻辑。

"当代"立场的缺失，不只存在于诗歌教育，而且贯穿于教育的始终。

西川在一次读者调查中发现，一说到现代诗人，普通读者一下子反应出来的，不外乎国内的徐志摩、戴望舒，国外的雪莱、拜伦、普希金，充满了浪漫主义的诗歌趣味。"今天的读者诗歌趣味还停留在一百年前，而这一百年间，诗歌已经历了浪漫主义、现代主义、后现代主义的探索。"

"这不能怪读者不进步、不关心，归根究底是教育的问题。国外的课本里会用当代诗人的作品，但中国当代诗人的创造性劳动根本进不了课本。绝大多数语文老师并不追踪当代诗歌的发展，对诗歌的解读严重滞后，还在把多年前的诗歌意识教给孩子们。"

"我们培养出来的孩子缺乏人文情怀。我们有那么多学生进入大学，我们对学生进行的早期人文教育却是失败的。"

"跟外国孩子比起来，我们的孩子数学题做得特溜儿，但一讨论社会问题、历史问题、国家问题、民族问题，他们就显得特别傻。这个时代最需要的思想能力，他们不具备。"

……

"我们的教育在培养高尚的人，有点浪漫。却没有意识到，要让孩子成为一个当代的人。"

教育要改变的是教师

西川说："一所学校好不好，首先看这所学校的图书馆好不好，再看教师好不好，还要看学校里过来过去的人。"他庆幸自己在成长的关键期"赶上了"一些好老师。

将近 40 年过去了，他依然清楚地记得中学的那些老师、那些事。"邢立生、陆强……他们学识广博、视野开阔，水平不逊于教授。还记得邢立生老师，每天晚自习前都给我们读外国小说。这样的老师让我特别受益。"后来，果真很多老师都去外语学院做了教授。

1981 年，西川进入北京大学。"那时，很多老先生还在。在学校里溜达，能遇到朱光潜等老先生。他们不需要跟我说什么，他们的存在对我就是一种影响。他们的举止、谈吐、衣着，他们的博学、关怀，我能感受到中国新文化运动的气氛。"

"给我们上课的赵萝蕤老师，上世纪 30 年代翻译了托马斯·艾略特的《荒原》，是此诗最早的中国译者。"《荒原》是现代英美诗歌的里程碑。

"我听过杨周瀚先生的讲座，他是当时中国比较文学学会的会长。后来，耶鲁大学的一位教授跟我说'你问杨先生问题，天底下没有他不知道的'。"

……

而今，西川认为，老师们值得去想一想：自己的教育思想与这个时代是否对称？自己头脑里的教育观念、教学方法、教育理想是否滞后于时代对他的请求？

在中央美术学院的人文课堂上，西川讲《桃花源记》。学生一上来就说："陶渊明揭露了当时政治的黑暗，反映了劳动人民的心声。"

"这些话对不对呢？有没有道理呢？有点道理，又没那么多的道理。"他认为，这值得中小学老师们反思，"诗词的解读不应该是套话的解读，而是要有自己的发现。"

西川把"桃花源"放在世界上四类乌托邦序列中来看（古罗马维吉尔的阿卡迪亚、基督教千年王国、英国托马斯·莫尔的"乌托邦"和中国古代的"大同世界"），向学生展开了一个世界。学生们由此得以在陶渊明的《桃花源记》与人类文明的发展之间建立起联想。

考试前，西川对学生说："你不能用过去学来的陈词滥调来打发一首诗，我会给你及格，但你永远拿不到高分。我不关心一个作家生在哪年死在哪年，我关心的是你真正的思想能力，你怎样处理你面前的文本。"

但在一些老师那里，"你已经拿到很好的分数，但依然不了解诗歌。讲解诗歌的老师如果不能带动一个孩子内心真正的诗情，只是把诗歌作为一个文本总结中心思想，就把诗歌杀死了"。

"教育要改变的是教师，教师必须有自己的思想能力，有自己的视角、视野，自己的联想能力，他才能向学生呈现一个吸引人的课堂。"

他认为，教师要培养这些能力，只能通过阅读和各种形式的文化熏陶。现在，文化活动多，讲座多，网络资源丰富，为各种形式的学习提供了诸多便利。

"如果说每所学校的老师是固定的，水平是有限的，那么，学校过来过往的人是可以变化的、丰富的。"人请来了，讲什么很重要。西川建议，"请成功人士讲座，多讲一点他们真正的工作，告诉孩子们做成一件事不是那么容易的。还要讲一些不成功的、失败的教训。比如请一个流浪汉讲一讲，他是怎么成为流浪汉的。这同样有益。"

原载于《人民教育》2015 年 08 期

楼宇烈：现代人不应抛弃自然合理的思维方式

孙国柱　　谭　惟

燕园有一老，执教已逾半个世纪，桃李遍寰宇。尤为令人钦佩的是，先生虽已八十高龄，却自然而行，常不休息，为昌明国学奔波呼吁。他就是楼宇烈先生，人们称他为"中国传统文化真诚的倡导者和实践者"。亲近楼宇烈先生的人们，大都为先生圆融的智慧、慈悲的胸怀所打动。忝列先生门墙，我们亦深得其益。

自然给人以最大的自由，人要有更大的自觉

先生自 1960 年起就留校任教，对三尺讲台有着特殊感情，直到现在仍旧坚持每周一讲，鲜有间歇。据说，在新千年伊始 SARS 病毒肆虐的时候，先生亦未尝废学，课程照常进行，其尽职尽责、笑看生死的精神感动和激励了很多人。

第一次听先生讲课，他穿着一身唐装，桌子上摆着自己带来的茶水，微笑着面对济济一堂来自天南地北的听众，轻轻地说一句："看看大家有什么问题。"于是乎，早有准备的听众就会站起来发言。想提问的人太多了，大家就用写小纸条的方式依次排队，这样一来，那些腼腆的人也踊跃起来。这些问题，有的是博士论文写作的疑难，有的是生命成长的烦恼，有的是对社会现实的思考，还有的是关于中西文化的对比。严肃的有，令人莞尔的也有，问题的范围可以用"其大无外，其小无内"来概括。而先生总是慈祥地看着"你"，不徐不疾地娓娓道来，使问者释然，听者欢喜。

先生平时讲课，喜欢穿插些小故事。这些小故事，或来自生活，或来自典籍。有一次课堂上，楼先生讲解"仁"这个观念，特意引用《荀子》中

的一则小故事：有一天，孔子在屋子里休息。子路进来了，孔子就想考考自己的学生是怎么理解"智"和"仁"这两个概念的。子路回答说："知者使人知，仁者使人爱己。"孔子听了非常高兴，评价说他能够称为"士"了。随后，子贡回答说："知者知人，仁者爱人。"孔子称赞他能够称为"士君子"了。最后，颜渊进来了，回答说："知者自知，仁者自爱。"孔子听了，给了一个最高的肯定，说他可以称为"明君子"了。这则小故事很容易让人明白"仁"的多重意义，并能够懂得"古之学者为己"的真义所在。楼先生的讲课风格，就是这般简洁明了，几乎没有自造的概念，大都是古人的成语，一般人听了能够有所受用，有所体悟，学者听了也有反思的空间，回味的余地。

有"述而不作"之风的楼宇烈先生，在引用古人语句时，也是精挑细选，力求雅俗共赏，古为今用。后来，楼先生还特意挑选古人语句，用《古训今读》的书法年历形式与亲朋好友结缘，从2011年起，迄今为止已出版了4册，内容涵盖了儒释道三家的经典和古典诗词。

楼先生的课程，给人许多教益。听楼先生的课，最大的收获是训练"自然合理"的思维方式。楼宇烈先生在课堂上一直强调"自然合理"与"科学合理"这两种思维方式的差异。什么是"自然合理"呢？这是相对于西方社会追求普遍适用的"科学合理"思维来讲的。所谓"自然"就是"本然"的意思，做事要顺应自然，因势利导，妄图以私志去改造公道，会出问题。"自然合理"与"科学合理"，这两种思维方式的差异，实际上也是中西文化类型的差异。对不同文化类型的差异是不应当强求一致的，事实上也不可能强求一致。然而，当下的中国，由于盲目的现代化，人们逐渐抛弃了"自然合理"的思维方式。

行文至此，不由得想起前不久楼宇烈先生对于某矿泉水广告的批判。楼先生说，该公司完全忘掉了古人"一方水土养育一方人"的教训，其实，很多疾病就来源于水土不服。《中庸》里有句不起眼的话语——"上律天时，下袭水土"。可见，"自然合理"的基本意思就是说不要与自然作对。然而，现代人崇尚科技，不加克制，对此，楼先生谆谆告诫：自然给人以最大的自由，人要有更大的自觉。为了使人们更容易把握"自然合理"的思维方式，楼宇烈先生总结了一些有意思的话头，可供人们详参。比如说，中华文化的特征是"整体关联，动态平衡"，又比如说"法无定法，因人而异；理有常理，顺其自然"，等等。

"自然合理"的思维方式，让人发现很多事情，其实一切现成，"向来枉费推移力，此日中流自在行"。人生在世，有本来的幸福，也有后得的幸福。懂得"自然合理"思维方式的人，才会受到本来幸福的庇佑。

"对于传统艺术来讲，轰轰烈烈并不一定是好事，我更希望它能不绝如缕"

先生是学者，然而，了解楼先生的人都知道他还有唱昆曲的雅好，甚至自费筹办了"国艺苑"。成立于 2002 年的国艺苑，是北京大学国学研究院的下属机构，12 年来，先后开设了二三十个古琴班，每班六位学员，每班学制三到四年，以老师教学生、学生当老师的形式，薪火相传，加深了大家对昆曲的了解和热爱。迄今为止，国艺苑学员已有几百人，几乎每年末在北大都有不同主题的汇报演出。

关于国艺苑的活动内容，楼先生曾经写了几句话："弹拨最古老的乐器——古琴；吟唱最经典的戏剧——昆曲；品尝最普通的饮料——香茶；体悟最平和的人生——本我。"

为什么要这么推崇艺术呢？究其原因，楼先生认为，中国文化是"艺术的文化"，古代有所谓六艺——礼、乐、射、御、书、数，涵盖了我们日常生活中方方面面的知识和技能。"艺术的视野，给人以旷达与平静；艺术的幽默，给人以智慧与轻松。多一点艺术修养，多一点艺术精神，将给人生增添无尽的生气活力，将给社会带来普遍人格的提升和生活秩序的和谐。"

楼宇烈先生说，唱唱昆曲，自然会上下通气。看来，唱昆曲也能养生。事实正是如此。先生开唱，其声音仿佛从深渊中发出来，自然浑厚，空旷悠远。先生平日讲课，有时长达七八小时，其功夫实得力于此。现在，按照惯例，每周三的下午，楼宇烈先生都会带领大家唱昆曲。至于怎么来唱？楼先生更希望原汁原味地保存昆曲这一"人类口头和非物质文化遗产代表作"，学习的素材则是北京昆曲研习社所编的《谷音曲谱》。每次上课会温习学过的曲子，如果要学习新曲子了，楼先生会亲自示范一下，然后大家一起唱，唱得熟练了，会再配上笛子，声音更加动听。学习的曲子虽然有所变化，然而每堂课的结束曲是雷打不动的——

"天淡云闲，列长空数行新雁。御园中，秋色斓斑：柳添黄，苹减绿，红莲脱瓣。一抹雕栏，喷清香桂花初绽。"

这是《长生殿》中的经典片段。至于为什么会选择它，我们也不知道。不过，有一年深秋时节到了，楼先生微笑地对大家说，如果现在去北大勺园看看，大概就是这样的景色。或许，这个问题的答案，就在秋天里吧。

一开始学习昆曲的时候，学习者会有点压力。不过楼先生的话，常常很快打消学习者的疑虑："我们唱曲也是快乐，不是为别人唱，而是为自己唱，并不是去比较唱得好不好。从本质上讲，不是为了表演，是为了陶冶心情，是自我修养过程中的一个环节。至于把它当作一种竞技，更是误导。现在很多人把艺术当作一种资本去追名逐利，从根本上违背了艺术自身的本质。"不仅学唱昆曲是这样，国艺苑的培养模式也是如此。楼宇烈先生说："我并不是要培养专业的古琴家和昆曲艺术家，不会在技艺上做过于严格的要求，而是使人们有机会通过艺术来了解传统文化，进而修身养性，道提升了，艺才能提升，所以我说'以道统艺，由艺臻道'。对于传统艺术来讲，轰轰烈烈并不一定是好事，我更希望它能不绝如缕。"

还有楼宇烈先生创设了"无我感恩茶礼"。在这个茶礼中，每人各自沏茶，分酌两杯，敬左右同座，当你敬给别人的时候，别人也会给你回报，这一来一去的过程，使人想起"天堂和地狱筷子"的故事。在进行"无我感恩茶礼"的时候，还要齐诵、默念《感恩词》各一次。楼先生建议在喝茶中间去体会"净、静、敬"的深层含义："我们在喝茶的时候，就要想到向茶的品德去学习。我们在喝茶中体悟人生，我们通过喝茶来体会茶的清淡或者香浓，这些都是茶的本色，因此做人也应当本色。""无我感恩茶礼"可以说简单易行，却能提醒我们不要时时刻刻总想着自己，要更多地想着别人。

无论贵贱好差，只要经手的东西，使用都小心翼翼，物尽其用，绝不大手大脚，暴殄天物

在日常生活中，楼先生的许多细节，也让我们终身受益。

"一粥一饭，当思来处不易；半丝半缕，恒念物力维艰"这句古训，先生在课堂上引用的次数并不多。没想到在生活中，先生就是这样做的。不经意间低头看到先生脚上穿的那双布鞋，不过10元左右而已。穿在先生脚上板板正正，仿佛新买的一样，这一下子使我们这些"穷学生"们感觉生活没有任何压力了。现在想想，楼先生很多物品，都是用了再用的，比如那个米黄色的挎包，就是一个电脑包而已。这个电脑包，不知用多久了，但楼先生似乎很喜欢它，平时出行经常挎着它。下课了，会把水杯收起，装上布套，轻轻放进挎包。

为什么这么节俭呢？有一次上课学生问先生怎么看待"敬惜字纸"现象。楼先生说，以前老辈的人，看过的报纸，页边空白部分也会剪下来另作他用，为什么会敬惜字纸，就是养成习惯了呗。一句习惯了，看似不是理由，却解释了所有的问题。人生总应有些习惯，让我们记住过往，在时间中刻下永恒。

事实上，生活中的楼先生，不乏这样的事例。有一次到了先生家，先生拿了一根木棍，让大家看看，美其名曰"狼牙棒"。原来这是先生从云南带来的荆棘棒，长期把玩，上面的刺已经圆润了，通身光滑油腻，已经成了养生锻炼的好物件，不知道的人还以为是什么养生新发明呢。一块带刺的木头，在先生的手中也有了这种化腐朽为神奇之妙。现在生活水平提高了，物不如新，东西"升级换代"很快，实际上人们是搭上了物欲的快车，身不由己。好多人千方百计拥有了一个东西，不会想着怎么充分利用它，只是为了满足占有欲和虚荣心，获得一种快感。在楼先生这儿，我们看到的是，无论是贵的贱的，好的差的，只要是经手的东西，一件东西就是一件东西，使用时小心翼翼，物尽其用，绝不毛毛糙糙，大手大脚，暴殄天物。现在想想，这实际上就是楼先生平日所讲的"善用者无弃物，善学者无弃学"。在楼先生"物尽其用"的外在行迹下面，我们看到了一颗"善待一切"的温柔之心。

作者单位系北京大学
原载于《人民教育》2015 年 20 期

马未都说教育

邢 星

陈丹青说起木心，曾有这样一段话，大意是说：私下，我完全不是可以和他对话的人，但他要说话，不得已，乃将我们权且当作可以聆听的人。采访马未都的时候，我一直有这样的感觉。马未都自己也说："采访，是我没兴趣的事儿，我喜欢对教育说话。"

"对于教育来说，让人知道知识的结构很重要"

在马未都眼中，知识是结构性的，有层次高低，"对于教育来说呢，让人知道知识的结构很重要"。

什么知识最"高级"？

是科学吗？

1966 年，"文化大革命"开始了，那时马未都 11 岁，上小学四年级，"从此以后就没有机会再到学校读书"。回想这段短暂的"上学生涯"，马未都说："和现在一样，都是先学算术，'加减乘除'四则运算。为什么我们从小学数理化，这是因为科学是所有学问里最基础、最简单、最具体的，可以'教'给你。比如说水烧到 100℃就开了，就汽化了，这是非常容易观察到也容易听懂并记住的知识。我们曾经认为科学可以救国，后来发现科学最不可以救国，因为它没有阶级性。从理论上讲，一个专利谁都可以应用。"

是文学，或是收藏所属的美学吗？

马未都也曾一路被时代裹挟着，"随父母去五七干校劳动，回家待业，然后去农村插队，最后回城当工人"，他是用文学进行了第一次命运突围。在工厂的时候，"小时候喜欢文学"的马未都搞起了业余创作。1981 年 8 月

20 日，只有 4 个版的《中国青年报》用一个整版刊登了他的小说《今夜月儿圆》，马未都一夜成名。两个月后，他被调入中国青年出版社，成为社里最年轻的编辑。那一年，马未都 26 岁。

"年轻的时候，人很容易喜欢文学，喜欢文学以后就会让人觉得生活很美好。因为文学有个好处——理解度因人而异，有的人看得深一点，有的人看得浅一点，起码自己都觉得看懂了，所以文学也是一个很垫底儿的东西。"马未都的评论有时听起来格外扎耳，倒不是因为他的言语里带有什么情感上的强烈倾向，而是因为他的分析里透着一股子冷冽的理性。他如此"看透了文学界"，所以"就离开文学，走到文物这一级"。

收藏，帮助马未都又一次突破了命运的"圈套"。

马未都眯起他标志性的小眼睛，回忆起来："收藏，我要是仔细想，大概从小学就开始喜欢了。我记得六几年的时候，'文化大革命'查抄，抄完人就走了，扔下来好多不知道是什么的物件儿，我拿着看，就喜欢这种旧东西，但那时候没意识。我真正开始收藏是在工作以后，20 世纪 80 年代初吧，到现在有 30 年了。我总觉得，人生总是得有一点儿喜好，我只是喜欢破解很多历史的谜题，收藏就是慢慢地把历史搞明白。"马未都爱收藏，这从言谈间能感觉出来，但他话锋一转，说道："很多人认为收藏是个不得了的技术，我认为是个'小技'，就是你对一个物的敏感程度，多是天生的。有人对音乐敏感，有人对绘画敏感，我就是对中国传统文化敏感呗。"

"第二个社会层面是文学，再往上走就是美学，美学就开始变得比较深奥，比较理性。"可属于美学层面的收藏仍是"小技"，到底什么是"大技"呢？

马未都说："再往上走是哲学，哲学就包括了政治，我年轻的时候觉得政治高级。再往上是玄学，《易经》啊、宗教啊，它已经不是常规的'学'可以解释的。"

人为什么要知道知识的结构？

"一个人啊，你只有站在高处，才能看明白。"马未都意味深长地说。

"比如过去写陶瓷的书，一般卖个几千本就不得了了，我写《瓷之色》一卖几万本，这是很难的。是因为我可以从科学、文学、美学、哲学、玄学五个层面向你表述这个杯子。"马未都拿起桌上的青釉杯子，啜了口茶，继续说道，"这个杯子，科学的表述，它是以金属铁作为主要着色元素，含量大约是 3%，如果超过 6%，它就呈现黑色，如果低于 1.5%，它就呈现白色。用文学表述呢，它'青如天，明如镜，薄如纸，声如磬'。从美学角度说它这个青色，这是冷色系中可以让大部分人很容易接受的一个颜色。从哲学层面去表达，青釉是主观色，相对的，中国还有一种绿釉，是客观色，就是自然界中有的颜色。再到玄学层面，道家跟上天沟通写的祝文就叫'青辞'，他认为这种颜色是能够跟上天沟通的。"

"你看，它可以从各个层面去表述，每个人根据自己的层次去看，深者看深、浅者看浅。"马未都说，"我们现在都是隔空对话，站山上的人说'一览众山小'，站山底就是'悠然见南山'，你不能说哪句话对、哪句话错，只是看他站在哪儿。"所谓"站在高处"呢，"只是我能够准确地知道，哪个层面最容易受到大众的关注，哪个层面又有所提高。"

至于如何提高自己的知识层次，马未都说："这个就需要你悟出来。"

"家庭教育很重要的东西就是以身作则"

"我平生背下来的最后一首诗是跟我儿子背的。"马未都一说起儿子，整个人都不太一样，那种变化很难形容，却分明就是因为父爱。

"那时候我都 40 多岁了，儿子上中学了吧。当时他在家里念一首诗，我回屋一听，说：'这是什么诗啊？我怎么不知道啊。'他说：'我可倒霉了，我今天在班上抽了一道题，明天要第一个背这首诗。'我也不知道这首诗，我说：'行，你爹都这岁数了，我跟你一块儿背吧。'是杜甫的一首诗，写在安史之乱之后，说'白帝城中云出门，白帝城下雨翻盆。高江急峡雷霆斗，古木苍藤日月昏。戎马不如归马逸，千家今有百家存。哀哀寡妇诛求尽，恸哭秋原何处村？'"马未都一边回忆，一边流畅地诵出这首杜甫的《白帝》，他笑说，"我当时背完，这隔了多少年了。我儿子他比我背得快，但现在我问他，人家根本就不记得。"

马未都对儿子的教育方式就是"我跟你一块儿背"，因为"家庭教育很重要的就是以身作则，这是肯定的"。

至于如何才能背而不忘，马未都也认同"从小诵读"的观点。他说："古人就是诵读，不要求你懂，只要求你背，你背了一辈子忘不了。我们才能背多少，乾隆皇帝12岁'四书五经'全背得下来。"

因为有了儿子，马未都对教育的关注更具体。

"我记得我儿子，好像是小学三年级吧，开始学作文。老师出了个命题作文叫《铅笔盒》，他在那儿胡编乱造半天。最后在结尾的时候，他说了一句心里话：'我最喜欢铅笔盒里的小尺子，它能帮我把等号画直。'这是多好的内心真实的表达，而且极富个人情感。"马未都感叹着，转而感慨，"我觉得作文里有这样一句话，作文该打满分，然后在这句话下画一条红线，告诉他，是因为这句话你得的满分。那么每个学生就知道该怎么去获得这个分。他知道什么是'对'就可以了，不需要知道那么多'错'，也没有必要知道什么中心思想、段落大意，你只要准确地表达出来你想表达的内容或者情感就可以了。现在小学生最怕的是作文，按理说，一个人在学科里最怕的不应该是作文，因为作文就是把说话变成文字嘛，这有什么难呢？是我们人为地设置了很多障碍，让小学生去获得一个高标准的得分。我们今天就是要求的太多，所以把小学生全给毁了。"

儿子16岁留学英国，马未都说："把儿子送出去，第一是基于他自己愿意出去，第二呢，我愿意让他离开父母去生存。儿子尽管不为钱发愁，但是他一个人独立地在海外生活，尤其当时英语又不行，他能够在英国自己上7年学，自己选专业、自己考大学，什么都是自己弄，挺好，这是一个锻炼啊！孩子一定要有一个离开父母的时候，如果没有这个时候，我觉着孩子都不能进步。"

说到现在的孩子，马未都格外地担忧："过去呢，学校、家庭、社会三大教育体系指向一致，老师和家长都是这么教育的：'我是一颗螺丝钉，党把我拧在哪儿，我就在哪儿发光。'所以我们小时候都是有理想的，我们的理想都是'把红旗插遍世界每一个角落'。今天呢，学校、家庭、社会都变得非常功利，其实功利不可怕，可怕的是三个体系功利的方向不一致，这孩子就不知道该怎么办了。现在的孩子是没有理想的，孩子是一个不停地转换角色的孩子。所以，今天的教育确实是一个难题。"

"社会应该有些美学教育"

1996 年，马未都创办了中国第一家私立博物馆——观复古典艺术博物馆；2002 年，观复杭州分馆开馆；2005 年，厦门再开新馆；2007 年，观复古典艺术博物馆更名为"观复博物馆"，正式实行理事会制，开始了私立博物馆的社会化之路。马未都说："这个馆最终会成为社会之物，不是我的。"

当初创办博物馆，用马未都的话说，"是一个无心插柳的事儿"。

"我一开始就是喜欢收藏，当收藏的东西多的时候呢，我希望它公诸于世，希望它有一个教化作用。西方，尤其是欧洲，这方面的教育比重比较大。你到欧洲去看那些国家，都非常艺术，所以说它对环境的影响非常大。我觉得我们今天的这个社会，应该有一些美学的教育。"

"我 1992 年申请注册，1996 年批下来，这样说起来都 20 年了。那年我才 30 多岁，也不知道这事儿后面有多麻烦。让我老婆说就是：'你摆着个好日子不过，非做这苦差事。'"博物馆做起来"辛苦"，马未都却不改初衷："但人生总是需要一个精神支柱嘛。我不认为一个人背负这么多东西有什么好处，而我认为所有事业有成的人吧，最终都应该为社会不唱高调地做一些事儿。"

马未都畅想着未来的"观复"："当博物馆能够完整地、有效地、跟我无关地运营的时候，那就是我最大的愉悦。我老说，最佳状态应该是我偷偷地来，到门口买张票，进来以后觉得哪儿都特好，这就够了。"

"而且我不喜欢居高临下地做事儿。"马未都说，"我老想着有一个好地方，地上都是博物馆赞助人的雕像。我自个儿先做一个，一张桌子、两把椅子，我坐一把椅子，空着一把，谁来了谁在这儿照个相——人生也就做到这事儿了，你死后就是这样了。美国有一个企业家叫盖蒂，他在美国做了最著名的盖蒂博物馆。我找盖蒂的像，想象那一定是一个大铜像，坐或者站在一个大墩上面，结果找了半天没有找到。我请别人给我指，其实就在大厅里站在平地上，一个 1∶1 的雕像，比我还矮，旁边写着'盖蒂，×× 年生，×× 年死'，别的什么都没有。我觉得很震撼，远比把他举到天上还舒服，我就喜欢那样的。"

马未都也一针见血地指明："我们现在整个社会教育环境非常差，美学教育单靠社会环境浸染效果太慢。"这就需要学校美学教育来补充。"至少，"马未都强调着，"至少啊，应该从高中以后加强美学和哲学的教育。"

但现实却是："我们今天的教育过度地重视科技的教育，轻视甚至缺少文学、美学、哲学这些人文学科的教育，所以今天的社会就变得越来越寡味。"

马未都理想中的美学教育形式应该是什么样子呢？

"美学教育得有人会讲，不能它美在哪里都说不清楚。比如杜甫的'两个黄鹂鸣翠柳，一行白鹭上青天。窗含西岭千秋雪，门泊东吴万里船'。这首诗完全可以讲一课，就讲它究竟好在哪里。"马未都一旦聊开某个话题，语速极快，但似乎仍跟不上他思维的速度，他几乎是紧赶着才来得及述说这些想法："'两个黄鹂鸣翠柳，一行白鹭上青天'，在这么短的一句话14个字里，很自然地写出了4个颜色；'鸣'翠柳满足了你的听觉，'一行白鹭上青天'满足了你的视觉，而且听'黄鹂鸣'是倾听，看'上青天'是仰视，这调整了你的角度；它从技巧上又这么自然贴切，你很难做到。下面一句呢，'窗含西岭千秋雪，门泊东吴万里船'，'千秋'雪这个时间长度就有了，'万里'船有一个可以供你遐想的地理长度，这是一个时空的跨度；同时呢，这个'千秋雪'和'万里船'不是孤零零的，有一个窗、一个门作为它审美的参照，这是一个三维空间，一直延伸到我这个屋子里。你想想，用四七二十八个字要描绘这么多的内容，我们谁有这个本事？"

"阅读是找到教育突破口的途径"

马未都说："人应该接受系统教育，然后是不系统地学习，就是要打破这个系统。打破它肯定有一个口，你要找到那个口子，阅读是途径。"

"我觉得，我们现在的孩子读书都太窄。"马未都讲起自己的读书经历，"我十几岁、二十岁的时候，拿起来看着特别过瘾的书是大部头的医学书，看解剖、看人体，就是喜欢。这些书跟专业无关，我可能终身都用不上，但是不代表它不会在某一个地方有潜在的好处。"

马未都切切地叮嘱："多看书，多看各种书，同时要多想。我有一句话老跟年轻人说，特别管用，叫'凡事多想一步'。就像下棋，你只要能多想一步，就能赢很多人。怎么'多想一步'呢，就是不要停留在已形成的一个局面，要把它冲出去。"

书究竟应该怎么读？

"我觉得，人在读书中最好的状态是一个既冷静又能够设身处地地深入一点儿的状态。"马未都说起自己当年读《红楼梦》的情景："我当时对曹雪芹崇拜得五体投地，看书的时候就想，曹雪芹写得有什么好。比如我去看他怎么描述这个贾宝玉，他说：'面如中秋之月，色如春晓之花。鬓若刀裁，眉如墨画，鼻如悬胆，睛若秋波，虽怒时而似笑，即瞋视而有情。项上金螭璎珞，又有一根五色绦，系着一块美玉。'他一开始说脸色，'鬓若刀裁，眉如墨画'说毛发，下面形容的都是五官，你看他最简单的文学描写这种罗列啊；他下面两个动态描写，我觉得一般人写不出来，'虽怒时而似笑，即瞋视而有情'。曹雪芹这一段描写都非常精炼，我当时就说，'哦，他是这么写'，就明白了，这是我十几岁的事儿。"

马未都自学成才，但他同时强调："现在很多成功的人没有很好的学历，这会让人觉得好像我们的教育体制中出不了这样的人，他成功就是因为冲出教育的框架。但是你要知道，大部分人是不能获得所谓'成功人士'意义上的成功的，而一个受过良好教育的人，他基本能获得一般意义上的成功，所以各有各的好处，各有各的坏处。我们认为啊，像清华、北大这样的一类大学，毕业生成功率至少95%以上。"

因为仍将教育主要诉诸学校系统，马未都对于学校教育的现状也格外关注："我喜欢对教育说话，因为我觉得我们今天的教育确实有问题。"

"过去教育人是把德育融进知识里面去，比如《三字经》把中国简史说一遍，《千字文》告诉你很多科学道理，同时也告诉你很多做人的准则。我们现在，知识是知识，道德是道德，分开教授，这就麻烦了。学生认为道德只在思想品德课上管用，这就是最坏的事。"马未都越分析，眉头皱得越紧，"我们今天的教育注重知识和技巧，但这个知识呢，是不停地更新的，你也要不停地去学习。所以我觉得，教育主要是教学习的方法和做人的准则，这两条恰恰是中国教育中最弱的。"

世事洞明皆学问，马未都就是这样一个要把事儿"看透"的人。"对，所以就特痛苦。"他比谁都明白。正是这份"明白"加上这份"痛苦"，在马未都这儿转化为一种社会担当——"我是一个愿意做传播的人,而且是一个有能力做传播的人,对吧?"马未都在问,却并不需要别人给他一个答案,他自己早有答案。

"观复"语出老子《道德经》第十六章:"致虚极,守静笃。万物并作,吾以观复。夫物芸芸,各复归其根。归根曰静,是曰复命"。"观"为看,"复"即反复,意思是世间万物的规律要静下心来反复观察才能洞明——难得明白人,更难得马未都这般敢说的明白人。

原载于《人民教育》2013 年 21 期

王笃年：科学界派往课堂的代表

李　斌

　　50 岁的王笃年被学生们亲昵地称为"笃爷"。他说自己可能更适合做一名工程师，因为和机器打交道更符合他的性格。但他"误打误撞"成了教师，而且表现出色，颇受学生喜爱。

　　2013 年 6 月 5 日，王笃年像往常一样大步流星地走进教室，脸上还是那副不苟言笑的表情。他穿着随意，短袖衬衫松松垮垮地搭在微微凸起的肚皮上。身为化学教师和班主任，他今天要给北京十一学校首届科学实验班上"最后一课"。

　　他先用投影仪打出课题：化学告诉你。然后他说："在你们中的大多数人即将永远告别化学学习的时候，我来带大家重温化学的意义。"他用了 30 多分钟举出自然界和生活中一个个与化学有关的有趣的事例——为何有的动物的血是蓝色的，年轻人多吃肥肉有何好处，为何说没有食品添加剂就没有食品安全……他不时调侃几句，惹得同学们哈哈大笑。在课的结尾，他以凝重的语气向学生们强调：化学是理解物质世界的手段，是创造美好生活的工具。至于后天就要开始的高考，他只是在 PPT 的末尾打出一行字：祝大家旗开得胜。

　　这句祝福很快成为现实：这个 30 人的班级，除 7 人选择出国深造，另有 17 人被北大、清华录取，学生的高考平均分达到 680 分。

　　但王笃年要的不只是这些。他向来就反感"那些拿高考做抓手"的人，认为他们是不懂教育才那么干。

　　王老师在"最后一课"嘱咐学生：请大家日后不要做俗人做的事，给我发过节短信，但我希望随时分享到各位学业进步、事业成功的消息。在王笃年看来，学生的成就是他生命的重要意义之一。他将永远以自己的学生为自豪！

从骨子里希望学生不要太听话

与面对学生时表现出的丰富性相比，王笃年的生活比较单调，他每天的作息几乎一成不变，即便学生们高考完离校了，他也还是每天早上六点半左右来到教室，直到晚上十点半离开。

他有一大乐趣，就是在课间与几位同事一起从高中楼踱步而出，在校园里闲庭信步，顺便伺候一番"自留地"里的西红柿、辣椒等植物。

他喜欢看生命活泼健康的成长，喜欢走进学生中间，却不喜欢亲临旅游景点，认为电视画面比实景更美观。他的性格有点木讷，对那种呼朋唤友的生活总是退避三舍。有人说他"不懂生活""缺少情趣"，他不以为然，反唇相讥："我觉得，把所谓'生活'与'工作'截然分开，甚至视工作为负担是有些悲哀的。"

在科学实验班随便找几位同学了解，他们会告诉你王笃年"霸气""认死理"或者"刀子嘴豆腐心"，也有的说他其实"挺逗的"。这位身高一米八三的山东汉子，不怒自威，连他的"徒弟"、一位年轻的女同事，最初"也很怕他"。

王笃年曾在高一开学之初，带着电脑一连十来天像一尊金刚似的坐在教室的角落里，盯着那些连十分钟都难安静的孩子们上自习，"谁要是抬一下头，都可能被他点名"。还好，这种"像犯人一样被看管"的生活很快就过去了，当学生们能够管住他们的四肢和嘴巴时，外表严厉的王老师展现出了他的另一面。

"己所不欲，勿施于人"，王笃年从骨子里就希望学生们不要太听话。他甚至"提醒"一位同事："你别把女儿教育得那么听话。"并"怂恿"那位小女孩：老师布置的作业不要都做完。

首届科学实验班招收的学生，大都不是传统意义上的好学生，但都学有所长，个性突出。有些人的表现在其他老师看来，简直不能容忍。

比如苏启舟，一个顶着大脑袋，被同学们称为"天才"的男生，就经常占用教室里的电脑玩游戏。在化学课上，还被王老师用粉笔头"提醒"过，或直接被"赶出了教室"。他嘟嘟囔囔地表达对王笃年的不满，说他"有的时候比较固执，可能思想有点保守"。

"如果我去上课的话，一般都是睡觉。"他漫不经心地说。有一次他还睁着惺忪的睡眼，对"笃爷"嚷道："你拎我干吗，我什么都知道。""笃爷"也不生气，就给他出几道题，他果然都会。"那你可以不听了。"王笃年大手一挥，很高兴的样子。他其实并不强求每个学生都来上他的课，"请假睡觉都行"，但在课堂里不能影响他人。

苏启舟如果正常参加高考，估计会无缘好大学。好在他的数学天赋很高，获得了保送北京大学的资格。席睿远同学说，苏启舟对于应试"基本上是一窍不通"，古诗全能读得懂，就是不知道怎么答题；英语的单选题至少要错一半，有时只能碰对四分之一，但听力全对。这样一位同学，要是搁在别人班里，肯定会被认为是一个非常差的学生。但有一次王笃年召集几位获得保送资格的同学谈话时却说："我从不认为苏启舟是'差生'，相反，他是一位非常好的同学。"理由是，他有自己的特长，比较有个性，"可能就是不太喜欢应试，不太适合高考制度"。这让席睿远感到很惊讶。

同学们评价王笃年：对待学生既一视同仁又区别对待。他的脾气并不算好，说话也不会拐弯抹角，常常高声批评人，有时候还会用"苏大脑袋"之类的话调侃学生，但很少有人介意。学生知道，这位老师从没恶意。王笃年偶尔会反省："我这脾气会不会不知不觉中伤到一些孩子？"

张羽辉日后想必会对这位老师心存感念。在孙文利老师看来这是个"坐在教室的墙角，能折腾出洞来"的孩子，对于他惹出的一些问题，王老师的解释总是三个字："他还小"。张羽辉出生于1997年的最后一天，是班上年龄最小的，上课"老是站起来晃荡"，而且"门门都考四五十分"。高一学年结束时，其他任课老师的意见一致：科学实验班不适合他，留级。连家长也有点信心不够了。但王笃年却对他母亲说："让他先跟着，我多费点功夫，到高三的时候，实在不成，咱就让他复读一年。"他还说"把这么优秀的孩子弄下去，我担心孩子心理上不接受，逆反起来反而坏事，于心不忍"。回头他就鼓励张羽辉：你千万别丢人，计算机竞赛不管你喜欢不喜欢，你必须给我拿下来。

这小子就是拿着自己编的几个游戏软件，进的十一学校。王老师发现，他也有坐得住的时候，拿着厚厚一本英文原版的C++语言的书，趴在电脑上，一坐一上午。王笃年说："那是真用功。"

张羽辉最喜欢的人工智能与虚拟现实技术，王笃年可以说是一窍不通，但他相信这个学生"早晚会做成事"，虽然他的高中三年，没学什么课程，只是做了三个"很厉害的项目"：在清华大学教授的指导下，模拟汽车撞车事故；做多米诺骨牌，花了一个多月时间推倒了第一块，又花了一个多月时间推倒第二块；与一名高一学生合作开发无地图找路系统。

"我从他身上看到了科学探索需要的兴趣与毫不气馁的精神。"王笃年说，还不忘替他辩解一句：他能看原版的英文教材，英语水平就够了，还要他怎么样？而对数学"天才"苏启舟，他的看法是，其语文绝对不差，"会表达，有学生还辩论不过他，能理解，题目也能看懂"，只是考分差，但"抠字眼，这个字怎么念，那个词是什么意思的考法，有什么意义？"

修养不是一天炼成的

王笃年从表面上看，是一个办事火急火燎的人，但在学生们面前表现从容。

他总是轻描淡写，劝告一些心急的老师，"那是孩子们成长过程当中不可避免的问题，不用急"。他还对一些抱怨孩子爱玩的家长说："孩子爱玩是天性，他又没干违法乱纪的事情，你着急什么？"

王笃年有时表现出的细腻会让人大吃一惊，因为这与他的块头相比反差太大了。有一次，化学教师董素英把学生们参加竞赛的准考证一张张撕了下来。王笃年望着那些准考证上的毛边，不太满意："你怎么能这么做呢？你应该拿裁纸刀整整齐齐地裁下来给学生。"董素英后来观察她的这位师父，发现他果然经常用到小刀，"怕弄坏给学生的东西"。

说到王笃年坚守的教育规则，第一是尊重，"你得尊重个性，尊重人格"，然后就是信任。"我相信人都是向好的，我完全信任你们。"他对学生们称，人人皆可为尧舜。

当然，王笃年的修养也不是一天炼成的。年轻的时候，他急起来有时忍不住一巴掌就上去了。25年前的一件事，让他现在想起来还心有余悸。那时王笃年是一位"说一不二"的班主任，连孩子们在课间扔粉笔头的行为都无法容忍，声称要罚款、请家长。一次，他真抓到了一个学生，小家伙死活不肯服从老师的处分，于是逃离了学校，跑得不知踪影。第二天一早，校长收到了这孩子的信，其中写道："校长，当您看到这封信的时候，我已经不在人世了，请您把对我的处理结果烧成灰让我知道。"王笃年赶到他家，看到大门外果然烧了一堆纸，"吓得脸都白了"。原来是家长迷信，找人算了算，说要找到孩子，得"叫魂烧纸"。这事最终虽然有惊无险，却给了王老师"太大的教训"，此后他处理学生的问题时就特别慎重。

在十一学校，他难得发的一次火是因为某次评教活动，多数同学急于上后面的体育活动课，对那张调查问卷表应付了事。结果王笃年发了脾气，他对学生说，"对老师的尊重是最起码的品德问题。在物欲横流的时代里，老师们之所以坚定地选择做老师，就全靠赢得学生的赞美支撑着""你为了打球，连半年才有一次的赞美老师一句话的机会都放弃，太过自私、无情了"。

科学实验班的这些孩子要被当成未来的社会精英来培养。王笃年可以容许他们犯错，但不允许出现品行方面的问题。他不认为那种开高尔夫球课、学什么上层社会课程的教育就是精英教育。"越是精英人士，越要多承担责任，要多承担就得有更多的能耐和见识，既要敢于突破，又要踏踏实实。"

他免不了要苦口婆心向学生们"灌输"正确的人生观。一次，他请学生赵一明谈谈自己的想法：你认为人生的意义是什么，人生应该追求什么？这孩子表现出的对金钱的欲望，一直让王笃年耿耿于怀。"人生的意义在于赚很多钱，买好车，买大房子。"赵一明如实作答。王笃年从鼻子里"哼"了一声，拿起一只白色的粉笔，也不说话，只是用力在桌上写下"拼搏"二字。"我当时就深受启发。"赵一明说，"他不认可那种挣大钱、做大官的价值观，觉得人生就是一个奋斗的过程，在奋斗中收获快乐和意义。"

看看他的班会，就知道他希望传达什么样的价值观。他会找来《伤仲永》之类的古文，让学生们一人一句翻译，然后听他们讲其中的道理。或者找一篇关于杨振宁学习经历的文章，请大家谈阅读收获。他希望学生们胸怀大志，别把眼睛盯着那点可怜的分数和找个好工作上。一次大考前，他给一位勤奋的学生布置了这样一个作业——"明天上午先睡个懒觉，然后让你爸妈带你去郊区溜达几十公里"。有的家长要给孩子报课外辅导班，他唱反调："别理他们，你回去告诉父母，要是有闲钱就捐点给王老师，他正愁没钱买房呢。"

当有的家长真的要对王老师表达心意的时候，孙文利只听到这位同事拿着手机说："十一的校规是不准老师收受家长的任何礼品，你要是能帮我找到一个比十一学校更好的工作，让我愿意从这里辞职，那你就过来。"

不会提问，把书背下来也没用

王笃年是成功的班主任，但归根结底是一位化学教师。这是他的立身之本。他在这方面表现出的自信和他高大的身材倒是很匹配。

在科学实验班高一的首次家长会上，有一位家长自恃是大学教授，有点不把中学教师放在眼里，不客气地对王笃年说："你让学生自学这个方式，我们家孩子不太适应，还是希望你多讲。"王老师的语气有点生硬，他说："要解决这个问题，只有两个办法，一是把孩子调出这个班，二是让孩子作出积极的改变。"他还说："我上课的这个风格，自认为是没有问题的，不会因为你一个孩子改变。"后来证明，王笃年没错。

80 岁高龄的刘道玉在一次会上说，"自学、课堂讨论、独立研究"，才是未来大学创造教育的模式。如果武汉大学的这位老校长来十一学校听听王笃年的课，或许他会欣慰地发现，自己的大部分希望在一位中学教师的课堂里实现了。

王笃年是根据学生的问题组织课堂教学的，"学生如果没有问题，那我就没什么好讲的"。他近十年来坚持"四环节教学"：自学自研、问难讨论、精讲点拨、应用评价。"归根结底，没有主体的建构就没有学习。"王笃年说，建构的一个基本特征就是主动。

他每接手一个新班，都会在第一堂课上明确地告诉大家："上我的课不用记笔记。"他也不会一板一眼地"板书"，字写得斗大。一位老先生提醒他：有条理地板书，便于让学生做笔记，有助于课后的学习。他却不以为然，在课堂上都学不会，课下能学会吗？他还批评许多中学教师把教学过程看成是"给学生解释教材"的过程，"这很害人，耽误了学生的前途，也影响了教师的专业成长"。

科学实验班的毕业生、就读北大元培计划的董馨阳说："王老师特别厉害，能够告诉我们很多书本上没有的东西。"他基本不讲教科书上的内容，也不检查作业。在高一高二，他也绝对不会为了分数而教，"而是让我们从本质上理解化学学科"，只在进入高三后才传授一点应试技巧。

"好多看上去重要得不得了的知识点，我可能根本就不讲，因为学生能看懂，没有问题。"该怎么学习，王老师已经说得很清楚：拿一张纸，写上阅读中出现的问题，看着看着，问题解决了，就把它画掉。"最后学生交给我的问题，可能由最初的七八十个减少到十来个或三五个"。这种自学不会无的放矢，王笃年和同事们合作编写的导学读本，字数大概是教材的 5 倍以上，汇集了多年的教学心得和问题思考。

他积累了来自学生的许多问题，名曰"中学化学的 N 个问题"，"有的到目前还没有答案"。但是那种"这类问题中考、高考不会考，你不需要知道"的限制性回答，或者"这个问题我也不知道，你自己查查吧"，然后就再没有下文的回答，不会出现在王笃年的教室里。因为他认为这样会妨碍教师履行作为教师的主要任务："跟孩子交流对知识的看法，交流问题解决的思路，尽管我们自己的看法有时并不一定正确。"

在他的课堂上，会有学生跳出来说：老师，我不这么看。或者告诉他：我在哪个资料上看到的和您讲的不一样。这时，王笃年会眯着他的小眼睛，鼓励学生说下去。

王笃年相信问题的力量，认为一个不会提问的学生即使把书背下来也没有用。有一个阶段，他还买了一大袋棒棒糖，谁提出好的问题就奖励谁一个。

做科学界派往课堂的代表

十一学校的人力资源部请王笃年给新教师们谈谈师德建设。他微微弓着腰，山东口音通过扩音器变得更加明显。"我想，师德无非就是爱学生、爱教育事业、爱教学工作，进而干好本职工作，我觉得没什么好说的。"他说，"估计说些套话大家也未必爱听，听了也未必有用，还不如谈谈自己的职业成长经历。"他毫不谦虚地自称其教学特点是"居高临下，旁征博引"。也正是凭着这种自信，他敲开了十一学校的大门。

2003 年 7 月 26 日，他从山东诸城来到这所名校试讲，主管人事的老师请他抽到题目后准备一天再来。"我没有那么多的时间。"王笃年的霸气外露，"在北京也没有住处，抽到题目就讲吧，不用准备。"

但在 33 年前，王笃年还没想过要做教师。当年高考填报志愿，他首选的是山东大学，在填第四志愿时实在想不出什么学校，便填报了山东师范大学。结果，1981 年山东省师范类院校突然提前录取，把本来超过第一志愿录取线 17.5 分的王笃年招至门下。大三时，他在同学的推荐下阅读了苏霍姆林斯基的《给教师的 100 条建议》，这部书成为他一生的最爱，才坚定了他做教师的信念，再也没有想过要离开这个行当。

王笃年的自信有时会被理解成傲气。这个农家子弟在上世纪 90 年代曾被国家公派到日本学习了一年半。回国后，正在大力发展经济的地方政府领导想让王老师改行做翻译，服务对日贸易，还请一位市领导找他谈话："咱们这么大个市，找个化学老师很容易，找个懂日语的太难了。"王笃年脑袋一热说："其实找我这样的化学老师也是很难的，您的孩子就是我的学生，请您回家问问，他见没见过第二个像我这样教课的化学老师。"

王笃年的"徒弟"、中国科学院年轻的化学博士董素英，最初带着自信走进师父的课堂，结果很惊讶，竟然听到了很多她不知道也没想过的东西。她回家对丈夫感叹：这个老师真是太厉害了。

王笃年的"厉害"是有原因的。他的阅读虽然不广泛，对长篇文学作品就不太感兴趣，但在从教的最初几年，读过的一些经典"丰富了自己作为教师的心灵，对教育、教学的认识更加深入"。他后来偶尔会引用的名言，譬如"教师要慷慨地给予事实而吝啬地给予概括""教育者，首先是模范""培养人，乃是培养他对前途的希望。要尽可能多地尊重一个人，也要尽可能多地要求一个人"——实际上，他正是那样做的——就来自他所阅读的苏霍姆林斯基、马卡连柯、布鲁纳等教育家的著作。

他有备课前坚持阅读大学教材相应章节的习惯，几乎借阅了学校图书馆里所有与化学有关的书籍，常年从自费订阅的专业期刊上获取有关化学最新发展的信息。而且，他习惯"用化学家的眼光"看世界，设身处地从学生角度出发思考教学。

"我很喜欢美国《国家科学教育课程标准》中的一句话：科学学科的教师，就是科学界派往课堂的代表。"他说，"这意味着我这位化学教师必须具有足够的科学素养。"

即使在看报纸、听广播、看电视新闻时，他也要把其中与化学有关的信息与中学教材"拼命"联系起来，从中寻求使学生产生兴趣的途径。比如，他要弄清楚染头发用的颜料，为什么粘在皮肤上可以洗掉，而染在头发上却不易洗掉；在苹果成熟后期，去掉套袋后用于给苹果"上色"的反光塑料薄膜表面的金属铝是如何弄上去的；为什么会有那么多人迷信张悟本的"绿豆"；日本海啸后的核泄漏事件为何会引起抢购碘盐事件。所以，偶尔他会和学生们开玩笑：学好了化学，你就不会被骗，当然，你也可以去骗人。

他相信，只要化学学科与学生的生活实际发生了联系，很少有人会对它不感兴趣。当然，谁又会把路上遇到的一块红砖和化学扯到一块？王老师捡起半块红砖，一副得意的样子，对同事孙文利说："这就是咱讲课的素材。"

同学们认为"笃爷"霸气，还因为他不迷信权威。"吾爱吾师，吾更爱真理"，他希望学生会独立思考。"他不会在意哪个科学家是怎么想的，他有自己的看法，并且敢于说出自己的思维，可能不完全对。"冯伯阳同学说，"他带我们做题，也不会看答案，多次出现我们的结论是正确的，而答案是错的情况"。

一位叫于超凡的同学，显然受了王笃年的影响。他的书看完第一遍后基本没法再看第二遍，其中写满了各种批注。"像王老师一样，他不会轻易地接受一些东西，不会因为你的身份和地位，你说什么我就信什么。"张翼同学说，于超凡不停地质疑、查证、钻研，牵出了好多知识，有时到了废寝忘食的地步。

王笃年并不善言辞，但喜欢为学生们创造争论的环境。譬如做实验，他会把全班分成几组，同一个实验不同的人做，或者在不同的条件下做。"在他的带领下去讨论，感觉非常有意思"。

一次实验后，有学生提问：为什么食盐水蒸发的时候，水分跑掉了，氯化钠却不跑？"你提的问题非常好，我也没想到。"王笃年说。学生就七嘴八舌地议论这事儿，有人说：在海边会闻到腥味，是不是说明氯化钠也挥发？"其实那是错觉，氯化钠不会挥发是事实，但道理何在呢？"

实际上，在传统的教学中，学生们只要记住这个答案就可以了，不必寻找为什么。"那样的话，学生等于什么也没学。"王笃年说，化学既是实验科学，也是在原子分子水平上研究物质世界的学问，作为学生化学的启蒙者，必须引导学生深入微观世界中去。

这时，有学生异想天开，说："会不会是这样，海水里的氯化钠是以氯离子和钠离子的形式存在的，当带负电荷的氯离子试图离开水面时，则会受到带正电荷的钠离子牵扯，钠离子再受到别的氯离子牵扯，形成了一个离子链，最终结果是谁也逃脱不了？"

王笃年听到这种观点，不但不觉得荒谬，还有点激动，他大声说："这种思考问题的角度真是太妙了！"

作者系中国青年报社记者

原载于《人民教育》2014 年 05 期

真正的科学家：师昌绪

邢　星

2013 年 3 月 23 日，可容纳 500 人的中国科技馆一层报告厅座无虚席，甚至过道、门口也挤满了人。大家热切的目光聚焦在讲台中央，一位老先生正缓缓地开口："今天讲这个《材料与社会》，实际上没人请我来，我是'自告奋勇'。因为科学家的责任，不光是搞科学，还要搞科普，科普是提高我们人民幸福的最主要的手段之一。所以我虽然今年 95 岁，老态龙钟，但是还没有糊涂，我想我还是有责任来向公众讲一讲《材料与社会》……"

这就是师昌绪，他的姓名前可冠以诸多响亮的称号：中国"高温合金之父"，两院院士，第三、五、六届全国人大代表，2010 年度国家最高科学技术奖获得者……

可是你越深入地聆听师昌绪，越会发觉这些熠熠生辉的名号哪怕合在一起仍不足以概括老先生。反而，一个最简单的词汇渐渐凸显，那亦是一个最厚重的称谓——科学家：师昌绪。

"我的梦想就是中国的强盛"

"在近一个世纪里，我和同时代的科学家一样，走了一条救国、报国、强国的道路，这与我的成长经历息息相关。"师昌绪徐徐讲述起他的耄耋人生，也同时在我们眼前铺展开中华民族近现代的百年抗争史。

"我在'旧社会'长大，那时候中国受日本的欺负，受帝国主义列强的欺负。1931 年'九一八事变'时，我刚上高小一年级，日本侵占沈阳的消息传来，我们班包括教师在内，全堂痛哭。所以我从小建立了这样的人生观——中国必须强盛，否则民不聊生。"

高小毕业后，师昌绪考入保定师范学校。"本来从保定师范出来要教小学，社会地位高，每月 30 块大洋，足够养家糊口"，可如此简单的人生梦想却因战火而彻底改变。

1937 年，日本悍然发动"七七事变"，全面侵华。很快日军逼近保定，师昌绪不得不踏上逃亡路。这一年，他 19 岁。"大家争相逃命，草木皆兵，天空偶尔飞起一只老鹰，都会被误认为是日本飞机。"隔着漫长的岁月师老陷入回忆，虽然当年的场景必是惊心动魄，可如今他说起来却已波澜不惊。

国家这样的经历撼动了一代青年的人生梦想。师昌绪在选择大学专业时，毫不犹豫地报考国立西北工学院矿冶系："因为我毕业后要实业救国，采矿、炼钢最直接。"

1945 年，师昌绪以全班第一名的成绩大学毕业，经推荐到四川綦江电化冶炼厂从事炼铜工作。1947 年，他"参与敌占区工厂接收"，调到鞍山钢铁公司。1948 年，师昌绪利用两年前考取的出国资格赴美留学，先后就读于密苏里大学矿冶学院和圣母大学，学习"冶金与材料"，并获得了硕士学位与博士学位——"实业救国"的梦想近在眼前，师昌绪万万没有想到，他的梦想要再一次与祖国共渡难关。

"我读完学位以后本打算立即回国，无奈朝鲜战争爆发，美国政府阻挠我们回国，吊销了 5000 名中国留学生的护照。1952 年我在麻省理工学院做了一名研究助理（research associate），主持'军用飞机起落架用超高强度钢'的研究课题，从此便被列入了禁止回国的 35 名中国留学生黑名单。"

"在麻省理工学院的三年，我一半时间做研究工作，一半时间进行回国斗争。"师昌绪正是这场"回国斗争"的主力。

中国留学生联名写信给周恩来总理，报告他们被美国扣留的事实，并提供确切的证据。这封信就是由师昌绪和另一名中国留学生一起，秘密送往印度驻美大使馆转交国内。1954 年 5 月在日内瓦国际会议上，周恩来总理向美国提出严正抗议，这封信就成为中国抗议美国政府无理扣压中国留学生回国的重要证据。

后来，他们又决定写一封致当时美国总统艾森豪威尔的公开信，要求他撤销对中国留学生回国的禁令。师昌绪花 50 美元买了一台滚筒式油印机放在宿舍，他白天在实验室工作，晚上油印信件，"好几千封信都是在我宿舍印的，我还带着两大皮箱的信，到纽约去发"。很快，这封公开信在美国产生了很大反响。

祖国，和这些一心向国的留学生一直在共同努力。终于，他们可以回国了！

此时，师昌绪在美国的研究工作已经卓有成效。他在著名金属学家科恩（Morris Cohen）的团队从事"硅在超高强度钢中作用的研究"，在他们的研究基础上开发出来的300M高强度钢，成为20世纪60年代到80年代世界上飞机起落架最常用的钢材。该材料在上世纪80年代也推广到我国。

科恩曾想挽留师昌绪："你要回国？如果是因为嫌工资少、地位低，我可以帮忙。"

师昌绪回答："在美国我无关紧要，但我的祖国需要我！我是中国人，中国需要我！"

1955年6月，37岁的师昌绪怀揣着"实业救国"的梦想，终于再次踏上祖国的土地。可是，"接待我的是穿孝的嫂子和三个侄子。原来就在我登上回国的客轮那天，我妈妈去世了"。

"我们这代人为什么爱国情结根深蒂固，因为中国受国外欺辱太深。我想，每个人都有自己的梦，但我们应该有一个共同的梦，就是'中国强'。我的梦想就是祖国的强盛！"说起个人经历，再大的事，师老也是轻描淡写，但一提起祖国，老先生就激动起来，声音越来越响亮。

"材料是人类文明发展的基础"

什么样的人是真正的"专家"？

他在某个领域深入下去，进而擅长，却并不局限于个人专业，而是借深刻的专业视角更透彻地认识整个世界。

师昌绪就是这样一位由精专而博远的"战略科学家"。《三联生活周刊》曾刊登《师昌绪：从材料学走向整个科学界》一文，这样评价老先生："他的成就远远超越了他所研究的领域本身。"这话的意思到了师老口中，就变成了浅浅的一句："我自己最大的特点，就是好管闲事。"

1964年10月的一天，晚上8点多，师昌绪家响起一阵急促的敲门声。

"空心叶片，你能不能做？我已经拿脑袋担保了。"门一打开，时任航空研究院副总工程师的荣科就急匆匆地冲进来说。

师昌绪回国后，作为中国科学院金属研究所高温合金研究组的负责人，从1957年起领衔由冶金部主持的航空发动机的关键材料——高温合金的攻关研究。听到荣科的话，师昌绪愣了一下，马上明白过来：荣科是让他研制航空发动机用的"高温合金空心叶片"。

空心叶片铸造技术，"当时只有美国有，高度保密，英国人试了多年，因为性能不稳定而裹足不前"。师昌绪更是"没见过空心叶片，也根本不知道怎么做"。以上种种，师昌绪都没有过多去考虑，"我当时就想，美国人能做出来，我们怎么做不出来？中国人不比美国人笨，只要努力，肯定能做出来"！

中国第一代航空发动机空心涡轮叶片从实验室到试飞，直至进工厂批量生产，师昌绪带领项目组攻克了造型、浇注、脱芯等一道道难关，仅用不到两年时间即完成，而英国走完这段路，却整整用了15年……

"明白人活着为什么，这是人生第一要义。我活着为的就是中华民族的振兴。中国遇到什么问题，我们就应该想办法把它解决。"师昌绪管的"闲事"，正是一件件以国家利益为重的"大事"。

2000年春天，82岁的师昌绪找到国家自然科学基金委员会工程与材料科学部原常务副主任李克健，提出想和他一起"抓一下碳纤维"。李克健一听，立马反过来劝老先生："这个事您可别管！谁抓谁麻烦！"

原来，此时碳纤维研发正处于最困难时期。我国从1975年开始攻关，却一直拿不出合格稳定的产品，很多研发单位退出了这一领域，大家都避之唯恐不及。师昌绪却在这个时候站出来说："我们的国防太需要碳纤维了，不能总靠进口。如果碳纤维搞不上去，拖了国防的后腿，我死不瞑目。"

碳纤维研发，师昌绪一抓到底。他召集专家会议，争取各方支持，为研究单位申请经费，到生产厂家现场调研……现在，国产碳纤维已在我国航空航天领域的应用中占有一席之地，完全依赖进口成为历史。

这样的例子还有很多。

20世纪五六十年代，国家在全国典型大气、海洋、土壤环境中陆续建立了36个材料环境腐蚀试验站。可是到了20世纪80年代，许多试验站曾一度成为"被遗忘的角落"。1986年，师昌绪出任国家自然科学基金委员会副主任，他力排众议，把"腐蚀试验站的数据监测分析建设"列为基金委重大项目，常年给予支持。后来，三峡大坝、杭州湾跨海大桥等国家建设工程上马，这时大家才明白：材料环境腐蚀数据资料太重要了！

直到现在，师昌绪仍然在以材料专业视角为国家看全局、看长远：

"我们国家的芯片，80%从美国、日本、韩国进口。我也正在向中央反映，要加快发展我们的芯片制造业。因为现在是信息时代，芯片将影响我们整个高端制造业的发展，影响国防、民生。"

"医用材料将来非常关键。当前我国医用材料大部分都是进口，尤其我们在心理上不敢用中国的医用材料。中国将要面临人口老龄化，医用材料现在应该大力发展。"

……

什么样的人是真正的"专家"？

师昌绪下面的这段自我总结就是极好的答案：

"首先，要有正确的世界观和人生观。我心里考虑的是国家整个全局，不是某个部门的利益，更不是我个人。第二，具备前瞻性和胆略。这是一种基于知识、经验、预测的判断能力，而且我坚信一条，只要外国人能搞成，我们中国人肯定也能成。第三，负责到底。对于那些不是我专业的提议，我从来不是倡导一下而已，而是真的都要参与进去，深入下去。"

让科学落地生根、枝繁叶茂

1992年4月21日，师昌绪与张光斗、王大珩、张维、侯祥麟、罗沛霖等6位中国科学院学部委员（1993年10月改称中国科学院院士）联名，向党中央、国务院又一次提出"成立中国工程技术科学院"的建议。这项建议早在1982年时就已经提出，当时未能实施。

师昌绪在一篇自述中写道："倡议成立中国工程院，早在1982年我就参与了。而后，每年人大会、政协会以及个人不断提出成立中国工程院或扩大中国科学院技术科学部的建议。"

这一次，他们终于成功了！

"5月11日，江泽民总书记作出了肯定的批示。不久，成立了一个以宋健国务委员为组长、由 45 个科学家和部门代表组成的筹备组，我被指定为筹备小组副组长之一。在整个筹备期间，自然花费了很大精力，特别是有些难以解决的问题，作为发起者的'老科学家'起到一些作用。"师昌绪对于难题和自己所发挥的作用都一句带过，却强调了其做领导工作的"团结"初衷，"在首届院士大会上，被选为副院长之一，像我这样偌大年纪还担任这样的职务，主要是希望新成立的工程院与中国科学院建立更密切的联系，共同发挥作用。"

师昌绪说："我这个人没什么本事，就在于能团结大家。"

无论是当年组织中国留学生为回国作斗争，还是这一次筹备建立中国工程院，或者是之前带领一个个项目组搞科研，师昌绪总能凝聚起方方面面的力量团结协作。他究竟有着怎样的人格魅力？

2011 年 1 月 14 日，师昌绪荣获 2010 年度国家最高科学技术奖。有记者问："您获得的国家最高科技奖 500 万奖金怎么分配呢？"师昌绪淡然地回答："都交给金属所。这个钱政府有规定，其中 450 万用来搞研究，50 万归个人。这次得奖说得最多的叫'空心涡轮叶片'，这是集体的工作，所以干脆都给所里，设一个奖学金。"

1991 年 5 月 16 日，中国材料研究学会在北京正式成立。这之前，师昌绪做了大量工作，其中包括在 1986 年国际材料联合会举行会议期间，妥善处理了与台湾相关的议题。因此，中国材料研究学会成立之时，很多人认为师昌绪是理所当然的理事长。结果，他主动让贤，只肯做顾问。

"师先生就是这样，以事业为重，以把大家的积极性调动起来为重，从不考虑自己的位子、自己的利益。"国家自然科学基金委原秘书长袁海波曾这样评价。

师昌绪身上所具备的，与其说是一种"团结"的人格力量，不如说是一种"团队"的科学精神。

"材料是科学技术与社会紧密结合的研究领域，涉及面广，相关人员必须团结合作、协同创新。我们现在缺乏这个，科技部门管一段，产业部门管一段。我国材料科学发表的论文数全世界第一，但是我们的研究成果不能只停留在文章上，要转化成材料，落实到国民经济上，这是我们必须解决的问题。"师昌绪处处说的是专业，却时时体现出专业背后的科学精神。

"迟暮夕阳余热暖，情真意切育英才。"这是师老与夫人郭蕴宜合写长诗《寻梦》的最后两句。当年，师昌绪一回国就参加研究生培养工作，1981年开始担任"金属材料"和"金属腐蚀与防护"两个专业的博士生导师，带出的博士、硕士近百人。同时，在他的指导下，一大批中青年科技人才茁壮成长，其中晋升为高级职称的有百余人。

"我希望今生能为祖国科技事业作更多的贡献。"直到现在，师昌绪仍然在通过团结人才、培养人才和科普大众，让科学落地生根、枝繁叶茂。

2011年10月13日，在人民大会堂举行的"科学道德和学风建设"报告会上，师昌绪向在场的数千名大学生作了题为《试谈做人、做事、做学问》的报告。他在报告中说了这样一段话：

"在现实社会中，一个人不可能独立存在，人际关系表现在科学道德和科学精神方面，有以下几个方面要考虑：第一是诚信，第二是平等待人，第三是要正确认识自己，第四是不要妒忌。丰衣足食，有一个美满的家庭，在工作上取得成就都会使人快乐，但是最根本的是如何做人。"

真正的梦想，是脚踏实地在生命中印刻出一件一件的事迹；
真正的专家，是借由深刻的专业视角更透彻地认识整个世界；
真正的领袖，是具有强大的精神生命力树立自我、扶植他人；
真正的科学家，怀真梦想，做真学问，有真人格。
科学家者，师昌绪。

原载于《人民教育》2014年02期

斯霞：给学生带得走的美好

胡金波

上世纪 20 年代，斯霞怀着"虔诚之心"，立下了把自己"终身许给少年儿童"的志向。她 70 年如一日，创造了"童心母爱"这一美丽的思想花朵，在基础教育战线散发着醉人芬芳。

童心母爱的实质就是心灵与心灵的沟通、灵魂与灵魂的交融、人格与人格的对话

在斯霞构建的儿童教育世界里，她视童心为经线、母爱为纬线。

她视童心为教育的"本色"，就如同"绿者叶之本色"，质朴自然，不加矫饰；而母爱为教育"着色"，浓墨重彩，呕心沥血。"本色"既是儿童教育的基础和条件，也是儿童教育的起点和切点。"着色"既要让儿童教育色彩斑斓，富有趣味性，又要让儿童教育精彩纷呈，体现有效性。基于童心之"本色"，善用母爱之"着色"，斯霞创造出"字不离词、词不离句、句不离文"的教学法，她觉得和天真活泼的孩子们生活在一起其乐无穷。

斯霞的以虔诚之心赋予"童心"就是"与儿童打成一片"。与儿童打成一片就是自觉主动地走近儿童、满怀深情地亲近儿童、润物无声地融入儿童。在课余时间里，斯霞和孩子们一起跳、一起唱；节日庆祝活动，她和孩子们一样登台表演。郊游、野营、参观、访问……只要是孩子们喜爱的活动，她都精心组织。孩子们亲她，爱她，听她的话。而她丰富的教学经验就是从接近、观察、关心儿童中得到启示，通过教学实践的探索而提炼出来的。

斯霞认为大凡童心必具以下三个特点：一是童心无瑕。这与明代著名

思想家李贽所倡导的"童心"就是"绝假纯真最初一念之本心"具有异曲同工之妙。这"本心"是最纯洁的、未受污染的，故是最完美的，蕴含创造一切美好的可能性。二是童心可昭。儿童教育要遵循儿童身心发展的阶段性、顺序性和不平衡性等特点，做到既不临渴掘井，也不揠苗助长，更不"凌节而施"，只有自觉"顺其自然"、遵循规律，坚持"理所当然"、初衷不变，才能"果不其然"、事半功倍。三是童心未泯。斯霞从儿童的姐姐到儿童的母亲再到儿童的祖母，鹤发童颜，童心不灭。当她批改学生在作文中写下的"一位漂亮的女阿姨来到我们班级"这句话时，未用成人的眼光将"女"字去掉，这就是对儿童本真而可爱的认识。斯霞强调作为一名好的教师，只有保持童心，才能自觉呵护童心，进而视童心无错，行童心勿欺，助童心雀跃。

斯霞以虔诚之心对"母爱"作出独具匠心的解读。古往今来，讴歌母爱是"大真至纯、大善无私、大美无言"，但斯霞将这些归结为"自然母爱"，而教师所具有的母爱应是"自然母爱"的升华，体现在"把学生当作自己的孩子一样看待"。斯霞认为：从"自然母爱"走向"超然母爱"是以理解为核心、尊重为前提、亲近为手段、智慧为燃料、宽容为载体、行动为基石。"教师的母爱不是万能的，但教师缺少母爱是万万不能的。"缺少母爱的教育，无论教材编写得多么科学，教学环节设计得多么完整，方法应用得多么精妙，实验仪器配置得多么先进，其效果"像星光一样璀璨却很遥远"。教师的母爱正是将学生导向事物本源的桥梁，正是这桥梁让"爱在彼此存在中实现"。

斯霞的"童心母爱"思想始于问题、基于实践、发于内心、源于理性、成于实验，她以自己的创造性实践和不间断的求索诠释了"童心母爱"的实质就是心灵与心灵的沟通、灵魂与灵魂的交融、人格与人格的对话。

"童心母爱"是教育改革的灿烂底色

当社会变革之时，教育也要随之而变，而每次变革的尝试都要立足于对教育本质问题的追寻。市场经济、对外开放、媒介多元，使教育外部环境发生诸多变化。破解社会对人才的多样化需求与人才培养单一化、人民群众日益增长的对优质教育资源需求和其供给相对不足、提高办学活力与现有体制机制约束等矛盾，使教育内部发生深刻变革。面对上述诸多变化与深刻变革，"童心母爱"思想越发灿烂夺目、光彩启人。

"童心母爱"的立足点就是培养和造就"活活泼泼的人""野性而又高贵的人""精于学习、善于沟通、乐于奉献的人""具有社会责任感、创新精神和实践能力的德智体美全面发展的中国特色社会主义建设者和接班人"，出发点就是强调"好学"比"学好"更为重要、"育人"比"育才"更根本。坚持立德树人、德育为先，全面贯彻党的教育方针；坚持能力为重、体美俱进，全面实施素质教育，"让儿童尽兴地自由玩耍，使其身体得到和谐而健康的成长；让儿童充分地感受艺术，使其心灵得到和谐而健康的成长"，关键点就是强化学会学习是学会生存的基础，学会自立是学会生存的支柱，学会合作是学会生存的环境，学会创造是学会生存的超越，从而回到基础——"一个人都不能落后"；回到生活——"把学习作为信仰"；回到实践——"不给他人添麻烦"；回到以人为本——"培养童心，造就童星"。

教育手段变了，但"童心母爱"的方法价值没有变。信息化在儿童教育中的应用，带来了儿童"学习的革命"，颠覆了传统的儿童学习概念和学习手段。但信息化无法代替"童心母爱"，网络化条件下更需"童心母爱"。因为教育是在现实中创造未来，好的教育一定是有血有肉、具有灵性、富有德性、适合儿童发展的教育，教师的有效教学体现在儿童学习兴趣的增强和学习效率提高之中。"童心母爱"的思想强调用提供适合学生的教育代替提供适合教育的学生、用关注能力代替关注分数、用注重"会学"代替注重"学会"，从而进入"教是为了不教、学是为了会学"的崇高境界；强调"教育的艺术，是唤醒孩子们天生好奇心并在未来满足它的艺术；而好奇心本身的鲜活及益处，与内心的满足及快乐成正比"。

教育要求变了，但"童心母爱"的人文关怀没有变。教育是人文化的过程，满足儿童的全面、充分、快乐、健康的发展是教育的出发点和归宿。进入新阶段，人民期盼更高质量、更加公平、更可持续、更具特色、更为可爱的教育，"让每个孩子都能成为有用之才"，这就需要给孩子更多的人文关怀。而"童心母爱"的思想正是始于"关怀人文"，终于"人文关怀"。

"童心母爱"思想超越功利。紧紧围绕以学生发展为本而敞开，以童心让学生感受教育的可爱与快乐，以母爱让学生感受教育的意义和力量，既让儿童活在成人世界中，更让儿童活在自己的世界中，使其成为自己的自己、更高大的自己、对国家民族和人类作出更大贡献的自己。

"童心母爱"思想超越当下。引领儿童教育走出对记忆的过分强调、对标准答案的过分重视、对分数的过分计较，走出"不要让孩子输在起跑线上""流血流汗不流泪，掉皮掉肉不掉队""只要学不死，就往死里学"的片面励志阴影，将服务学生的发展与服务社会发展的要求统一在全面贯彻党的教育方针的过程之中。

"童心母爱"思想超越传统。强调人文关怀是基于"真正的素质教育是有灵魂的"的认识，让童心唤起学生的主体意识，发展学生的主动精神，形成学生的主体力量，让母爱最大限度地促进学生的快乐发展，最大限度地帮助学生在原有基础上有新的发展，最大限度地激励学生在天赋允许的范围内充分发展，帮助学生创造自信兼爱和朝气蓬勃的人生。

用"活的教育"诠释"母爱童心"

"童心母爱"凝聚着丰富理论与扎实实践、蓬勃生命和多彩生活的智慧，呈现奉献美与崇高美、自然美与人文美的历史统一。

母爱激发童心，童心滋润母爱。感悟童心的前提是畅通与学生打成一片的渠道，关键是创造学生悦纳接受的心理氛围，重点是实施有针对性的"活的教育"。斯霞从了解学生生活入手，每天仔细观察每个学生的气色、精神状态、举止行为。谁的乳牙动了，谁的情绪异常，谁的穿戴不整洁……她都能及时掌握，给予关心、指导、帮助。

斯霞认为："只有了解儿童心理，认识儿童成长规律，才能谈到如何教育儿童。"因此，她每接手一个新班，都会拿着花名册挨家挨户走访，力求把握每一个孩子的个性特点、兴趣爱好，这一"家访式备课"在她从教的70余年里从未间断。为何我们时常叹息所培养的学生普遍缺乏"激情般的好奇"，喜欢问"学这个有什么用"而导致"短期功利主义"大行其道呢？这是因为我们没有像斯霞那样，真正地走进孩子、读懂孩子，"童心母爱"的缺失必然导致教育针对性、有效性的丧失。思学生所思，想学生所想，办学生所求，成学生之盼，陪伴学生一起成长，正是"童心母爱"的深层价值所在。

呵护童心，既要呵护学生的童心，坚持有教无类、尊重差异，又要呵护教师的童心，即精心呵护教师发现儿童的好奇心、读懂儿童的探索心、尊重儿童的关爱心、发展儿童的事业心、赢得儿童的自信心。童心并非不可捉摸，它是实实在在的；母爱并非虚无缥缈，它是简简单单的。母爱的付出往往是对学生一个善意的微笑、一个鼓励的眼神、一句赞美的语言、一个具体关怀的举动，却收到"四两拨千斤"之效，引领学生春风化雨般地自觉成长。

南京师范大学附属小学的校门口原先比较低洼，一到下雨天便成了一个大水塘。这对于七八岁的小学生来说，是个不小的障碍。每当此时，斯霞总是带领老师们早早地站在校门口，把学生一个个背过来；放学了，又把他们一个个背过去，看着他们安全离去。母爱的付出正是医治"童年为升学战斗，升学后回归童年；百般呵护身体，漠视精神成长；忽视解决问题能力，着重解答试题能力"的良药。

斯霞善于根据儿童的年龄特征，从实际出发，恰到好处地运用多种手段，如实物、模型、演示实验、幻灯等，教学语言的通俗、生动、流利，并且尽量让学生动口、动手、动脑，以创造自觉主动、活泼生动、师生互动的课堂气氛，提高学生的学习成效。母爱的付出关键是教育孩子养成好的习惯。好习惯的养成要以儿童为中心、兴趣为中心、活动为中心。斯霞严格训练学生，特别注意学生的学习卫生。凡是她教过的班级，学生不仅学习成绩好，读写姿势正确，而且患近视眼的也很少。

提升母爱就是既要教学生如何与别人相处，还要教学生如何与自己相处；既要教学生善接地气，还要教学生坚守理想；不是要给学生背不动的书包，而是要给学生带得走的美好。斯霞很不赞成一些教师把公开课上成表演课，她认为课要上得朴实、扎实，讲究实效，"弄虚作假的教学思想应当制止，哗众取宠的教学手段应当摒弃，可有可无的教学步骤应当删减，要把精力集中到教会学生学习上来"。斯霞认为："没有生命的生长与生成渗透其中，儿童教育就是没有灵魂的实践。""童心母爱"就是让当下的孩子找到自我生命的尊严与作为儿童存在的幸福感。她批评有的教师上课过于严肃，搞得学生精神紧张。她认为，"在严肃紧张的环境里学习，效果远不如在活泼愉快的环境里好"，"如果师生关系形同'猫鼠关系'，那是教育的最大失败"。

作者系中国教育学会副会长、国家督学、江苏省委组织部副部长

原载于《人民教育》2016 年 06 期

为师如"顾"

滕 珺

常和人说,有幸能成为顾先生的门生已是上天眷顾,毕业后又能留在先生身边,协助先生做些有意义的事情,更是福慧双修。掐指一算,从第一眼遥望先生到如今,已有十一载,每日能耳濡目染先生的言行举止,虽不能至,心向往之。

还记得大三那年,校园内贴了一张大海报《我为什么呼吁取消三好生》,犀利的标题旁却配着一张和善的脸,"顾明远"三个大字赫然映入眼帘。我虽不在当时的教育系就读,但作为师大人,也晓得这个名字的分量。于是,像很多年轻人一样,"追星"挤进了演讲大厅,虽然只能在后排遥望,但先生慷慨激昂又有条不紊的论证、坚定而睿智的眼神以及那份对儿童发自内心的真切关怀,让我这个哲学专业的学生对教育产生了莫名的冲动……后来我如愿以偿地进入了比较所,也就是现在的国际与比较教育研究院。每次在英东七层的楼道中遇到先生,他总是慈祥地向我们这些学生微微一笑。2005年我协助所里筹备第二届世界比较教育论坛,会议结束时先生对我说:"做会务工作辛苦了,我们合个影吧。"我受宠若惊地不知所措,迷糊了一会儿后连连点头,那是我和先生第一次合影。

先生是个十分有原则的人,当时学校有政策允许优秀的硕士生直博,也适逢先生那年有意招收博士生,我有意申请,但去办理申请手续时才发现截止日期已过。与先生商量,能否向学校提出申请额外考核,先生答复:"既然截止日期已过,那你就自己考吧。"我也只好来年再战。此后,我又多次见识了先生如何坚守自己的"原则"。先生喜好书法,闲来愿意写上几笔,又因为先生在教育界有重要影响,自然少不了有人登门求字,先生都欣然答应。不少校长为表达感激之情,想留下"润笔费",先生概不接受,并笑言:

"我也不是书法家，写就写吧。"如果校长坚持要给，先生便说"那这个字你就不要拿走了"。校长们也只好作罢。

先生教学有方。放假前夕，先生把我叫到办公室，递给我一把办公室的钥匙说："有空就来这里多看看书，假期就先读这套白寿彝先生主编的《中国通史》吧，开学我们再交流交流。"面对这12卷22册的史诗巨作，我的第一反应是，怎么可能读完？但无论如何，还是硬着头皮去读。假期结束后，先生真的考我读后感，我惴惴不安，只好如实汇报："读了第一卷，似懂非懂，但却为书中翔实的举证和严谨的逻辑所折服。"先生笑了笑说："好了，你可以换别的你感兴趣的书看了。"那一刻，我才悟出先生的良苦用心，做学问首先要端正学术态度，研究必须严谨认真。

先生对学生采用"放养"的教育方式，入门时与先生讨论博士论文的选题，先生笑道："做什么题目都可以，只要是教育问题就行。"停顿了一会儿，又说："不是教育问题，有教育意义，能做好也行。"这其实是充分尊重学生的研究兴趣。记得每周二的上午，先生总是耐心地听我漫无边际、天马行空地东拉西扯。后来我选定方向，在大洋彼岸质疑自己选题的价值时，先生启发我要批判地思考他人的观点；当论文撰写进入攻坚阶段时，先生又轻描淡写地说"我觉得挺好，先写起来再看看"，还不忘适时地提醒我注意身体，可先生自己却在家中谨慎地字斟句酌，一天夜里十点多钟，我接到了先生的电话："我想你的论文还可以如此这般处理……"先生这种看似宽松的教育方式其实最锻炼学生。一次与先生的弟子谢军闲聊，她也有同感，她说她刚入门时很高兴，因为以前她念书时，老师总是给她很多改进意见，让她很有压力。后来到先生门下，先生总是说"很好"，给她很多鼓励，所以她很高兴，原本以为轻松了，但到下一步怎么办还得靠自己思考。

见过先生的人都说，先生有颗佛心，提携后生，有求必应。先生倡导"爱的教育"，自己也身体力行。做学生那会儿，我们就时常"厚颜无耻"地"啃老"，先生却安静地在一旁看着我们狼吞虎咽，脸上挂着满足的笑容。后来，我挣了第一份工资，要请先生吃顿饭，先生和师母就把我带到了大排档，两人点了一份馄饨，说他们就要吃这个……先生的爱不仅仅体现在对自己的学生上，对素未谋面的孩子也是如此。他经常亲笔给乡村的孩子回信，关切之心溢于字里行间。有时，他的爱更是一份"责任"。记得一次在机场，一个小孩用嘴含着直饮机出水口喝水，妈妈在旁边视而不见，先生三步并作两步，上前阻拦，并告诉那个孩子这样使用公共直饮水不当，应该如何使用，一旁的妈妈羞愧不已。

先生有一颗"年轻"之心，什么时髦玩什么，微博、微信、iPad 一个都不落下，有一回还突然问我"比特币是什么？"我很是诧异，先生却戏称自己是"80后"，跟我们没有代沟。先生还有一颗"谦和"之心，不论对谁总是彬彬有礼，每次司机接送后都要道谢。一次，司机走得着急，先生饭后特意找到司机餐厅，就为道一声感谢。先生更有一颗"公允"之心，从不计较个人得失，宽厚待人，团结同仁，成为教育界内毫无争议的人物。

先生的节俭是出了名的，现在用的围巾还是当年前往苏联留学时国家发的，一戴就是60年。我和他开玩笑说可以进入"博物馆"了；出去开会矿泉水喝不完，他就带回家接着喝；有时工作紧张，来不及去食堂吃饭，我们就订盒饭在办公室吃，先生吃不完的盒饭也打包带回家，说是从小养成的习惯，见不得浪费。可先生的慷慨同时也是出了名的，每次学校组织捐款，先生总是头一个，而且还不留姓名。先生个人获得的奖金不论多少，他都捐出去了，这也是今天"明远教育基金"得以建立和发展的源头。虽然先生坚持不同意用自己的名字作为基金的名称，但无奈于我们这拨儿弟子的百般纠缠，同时又取"明远"二字"淡泊明志，宁静致远"的意义，先生才勉强同意。如今基金在帮助弱势群体，鼓励教育创新方面都在作有益的探索，希望能以此践行先生的理念、"教育是天底下最幸福的事业，教育就是将人类的爱传递下去"。

有关先生的故事还有很多很多，但再写多少也无法全面反映先生的精神风貌。最近，先生荣获了第三届吴玉章人文社会科学终身成就奖，就以该基金会的颁奖词结束这篇小文，并献给我最尊敬的老师——

从教逾一甲子，历任小学、中学及大学教师，奉行"没有爱就没有教育，没有兴趣就没有学习，教师育人在细微处，学生成长在活动中"之信条，桃李满天下，实为教育大家，却自号"教育老兵"……开创新中国比较教育学，惟心系于中国，参与国家重大决策，指导全国教育实践，实为爱国心切，却云"无非报恩而已"。领导与支持建立特殊教育学、课程与教学论、教育技术学等诸多教育学科，编撰《教育大辞典》《世界教育大事典》《中国教育大百科全书》等教育学各科之必备工具书，实为大教育学者，却云"原本一书生"……学术无愧人师，德行堪为世范，乃新中国当之无愧的人民教育家！

作者系北京师范大学教育学部国际与比较教育研究院副教授

原载于《人民教育》2015 年 06 期

我的导师于漪先生

程红兵

"导师"，这个词现在说得多了，似乎就显得不那么庄重了，但我这里要郑重其事地用"导师"一词，因为若不如此，就不足以表达我对于漪先生的敬重。

"三会"于漪先生

1991 年，在江西上饶任教时，我曾忐忑地给于老师写了一封求教信。信发出去后，想想有些贸贸然：于老师是全国著名的语文特级教师，还任校长，教学、管理工作繁重，我怎好打搅？但信已寄出，也只好随它去了。不承想，没多久我就接到了于老师的回信。我激动不已，至今还珍藏着这封信，那些勉励之语还历历在目。这是与于老师的初次交往，虽然并未谋面。

第一次见面是在 1994 年夏天。在山东泰安举办的"全国青年语文教师联谊会"成立大会上，先生作为老一辈语文教育家的代表到会祝贺。先生受青年教师景仰，会前、会后被大家团团围住，合影留念、签名、讨教。我生性腼腆，不大敢主动与人攀谈，更何况是大名鼎鼎的人物。这一回，我与于老师擦肩而过。回来后好生后悔，说不出的遗憾。

1994 年 9 月，我从老区上饶调到国际化大都市上海，"乡下人"进大城市总有些"水土不服"，不太适应新学校的新生活、新的人际关系。先生不知怎么知道了，托人捎信请我到她家坐坐。我高兴，又因自己不善交谈而心生压力。恰逢先生在《语文学习》发表《弘扬人文，改革弊端》一文，便以此出发准备了许多问题，以防自己到时过分紧张，无话尴尬。

先生和蔼可亲，精神矍铄。已经不记得开头说了什么，单记得没说几句，我的拘束就无影无踪了。我就语文教育的人文性向她请教，她不紧不慢，耐心细致地回答，不时插几句："你看呢？你怎么想？"把我作为平等的谈话对象。先生又跟我谈起她走过的路：1951年从复旦大学教育系毕业，先任中学历史老师，后改行当语文老师，半路出家，用尽心血，凭自己的刻苦钻研成为名师。她的名师称号是一堂课一堂课磨出来的，是几千堂公开课上出来的。后来"文化大革命"来了，她遭受冲击，备受折磨。"文革"结束，她重新走上语文教师岗位，从班主任到年级组长，从教研组长到学校校长，克服种种困难，硬是把一个烂摊子发展成一所名校。听她娓娓动情的叙述，我悟出了先生的良苦用心：树立自信，勇敢地走出困境。

末了，我就语文教育人文性提出整理一个"于漪答问"，她欣然同意，但执意把标题定为《关于语文教育人文性的对话》。"答问"与"对话"的区别，我当然知道，先生的长者风范令我感佩。后来浦东新区教育学院和建平中学都聘请先生做我的导师，我成了先生的弟子。这以后，凡是重要的语文教研活动，她都主动招呼我，并提供很多机会，让我登台亮相。

年轻人尤其要学习

1996年上海市教委出台决定，破格评选特级教师，每个区县上报一名候选人。浦东新区把机会给了建平中学，给了我。听课、评课、评论文、答辩，一路过来，我各项总分名列前茅，送到市级评审的最后一关。有人以年纪轻、资历浅、江西老区调来的等诸多理由提出异议。先生在会上力排异议，慷慨陈词："此次评选既然是破格，就不能考虑年纪轻，虽然程红兵刚评上高级教师，但之后他有专著出版。我们评的是教师中的优秀分子，不论他来自哪里，只要合乎条件，就应该评上。"评委们都被她打动了。

当我从其他渠道得知这些"内幕消息"后，惭愧不安：我与先生非亲非故，我何德何能让先生如此出力提携？

后来，于老师深情地告诉我："推你上去，绝不是为了你个人，而是为了事业的需要。我们已经老了，语文教育事业应该后继有人，新世纪需要你们这代人支撑。"我的心里涌起一股热流：这是怎样的一种境界和胸怀！1996年8月，我成为当时上海市最年轻的特级教师，只有35岁。

在先生身上，我领悟到了做一个语文教师的平凡和神圣。

我的第一本著作《语文教学的人文思考与实践》校样出来时，我想请先生作序。其时她正住院卧床，我在病房看到她面容消瘦，顿时打消了念头。但她似乎看出了我的心思，笑着说："你把校样放在这，我抽空为你作序。"好半天我都说不出话。几天后我就看到了先生的序言，题目叫作《看新竹展枝》。先生在序言中对我和语文教育界晚辈寄语：

"看到新竹展枝，生机勃发，喜悦之情充盈胸际，深切感到中学语文教育充满希望之光。"

"年轻人尤其要学习，不仅读语文专业书，而且读国内外教育著作、心理学著作以及与语文有关的学科著作，腹笥充实，论述道理就板眼分明，减少主观臆断。"

"研究教材，更要研究学生，做到因文而异，因人而异，创造多姿多彩的方法，求得最佳的教学效果。"

这些诚挚而热情的话语，鞭策着我在前进的路上不敢懈怠。

此后，我常向于老师请教教育教学问题，讨教学校管理经验，先生总是不厌其烦地指导点拨。

不拒绝新思想，不空谈理论

2013 年，我离开生活工作了 20 年的上海，南下创办深圳明德实验学校。临行前我向先生辞别，先生赞赏我年过半百再创业的勇气，嘱咐我要花时间熟悉和研究小学、初中段的教学和管理，花时间研磨儿童心理。

意外的是，先生还特地为我准备了两件白色的短袖衬衫。她说："南方天气热，校长着装要正式一些，这个你用得着。"

9 月 1 日开学典礼上，我穿着先生给我的白衬衫，迎来"明德"首批新生，也迎来自己教育生涯的新航程。那白色，仿佛出发的航船上鼓动扬起的帆。

而今，先生已 80 多岁高龄，但从不拒绝接受新思想，也从不空谈理论。

她的讲座报告依然精彩而有余韵，因为她始终倾听来自教育教学第一线的声音。

她的话语方式一直都是草根式的，带着青草的芳香，带着校园的露珠，自然而质朴，深情而动人。

她依然文思敏捷，著述不断，为我们作出了不断探索、不断耕耘的典范。

我很幸运，这 20 多年来，能够领教先生的学术经验、实践感悟和人生体会，能够享有作为学生的荣幸与荣耀，我唯有以此自勉——

秉承先生求真务实、兼容并蓄的治学风格，谦逊、宽容、和睦的为人准则，矢志不渝的理想追求，让真理、真情的光芒照耀自己、感召他人，努力成就教育的人生、智慧的人生！

作者系广东省深圳明德实验学校校长

原载于《人民教育》2015 年 01 期

做中华文化的燃灯人

黄荣华

"大"就是站立在天地间的"人"

小时候跟父亲挖红薯，挖到一个很大很大的，看了半天，突然问："爹，'大'字为什么是'人'字上面加一横？"

父亲愣了一下，缓缓地伸直腰，站定，张开双臂，说："看我，这就是'大'。'大'就是站立在天地间的'人'。'大'就是'人'，'人'就是'大'。"

至今想不起来，为什么看到大红薯，会追问父亲"大"的写法。但追问这件事我记下了，"'大'就是站立在天地间的'人'"这句话我记下来了。

应当是长大一点了，哥哥不知从哪里弄来一本翻破了的书。我跑过去抢在手里，一看叫《四角号码新词典》。这是我第一次见到词典。随手一翻，竟翻到这个词语——"伸手不见五指"。我激动得不行，因为头天晚上要跑到山上去与小伙伴野，母亲说：不能去，伸手不见五指。没有想到，这词典里会有母亲说的话！哥哥告诉我：这个词典里不仅有母亲说的话，还有父亲说的话，还有很多人说的话。你读了，就会说很多很多以前不会说的话。

不用说，我很快爱上了这本词典，通过自学也很快学会了四角号码查字法，经常很神气地对小伙伴说，报出你想查的字，我马上可以翻到它在哪一页。百发百中，让小伙伴羡慕不已。在根本没有书可读的年代，在连得到任何一张字纸也要从头看到尾的年代，这本词典无疑将我带进了另一个天地。后来我得到的第一个有点"学术"含量的奖，就是1981年读师专时查字典比赛获得的二等奖。再后来，买辞书成了习惯，现在书柜里这类图书已是满满两大排。

说起字典词典，就必定想起哥哥。他不只带来了那本翻破了的《四角号码新词典》。1978 年的冬天，我正准备跟大伯父去山里采药，出发时哥哥过来问我：现在征订新出版的《辞源》，你要不要？我点点头。第二年冬天，哥哥给我拿来了《辞源》第一册。我捧着它，不知说什么好。等哥哥走了，看到定价是 5.7 元，我哭了！哥哥那时是民办教师，一个月挣 300 多工分，1 个工分约值 2 分钱。这是哥哥将近一个月的工资啊！而哥哥这时已是两个孩子的父亲了。1984 年，我买齐了全部四册《辞源》。让我遗恨终生的是，1985 年暑假，也就是我当教师一年后，小偷钻到我的寝室，偷走了我的大部分图书，其中就有哥哥送的那本《辞源》。现在书橱里的两部《辞源》，一部是 1989 年夏天在开封禹王台附近的一个小书店买到的新版，一部是岳父赠送的民国四年出版的由郑孝胥署检的老版。

　　与汉字相关的书，现在最让我不忍释手的，是在北京王府井新华书店买到的裴锡圭先生的《文字学概要》和臧克和先生的《说文解字的文化说解》。那是 1997 年暑假，和妻子一起带孩子去北京医眼，抽空跑了几家大书店，买了一大堆书。临回时，还恋恋不舍，又跑了一趟王府井书店，竟一下就撞上这两本大著。正是这两本大著，将我对汉字的喜爱一下子激发出来，回到家里，我就冒昧地给在上海的臧克和先生写了求学信。臧先生很快复信，并寄赠了大著《汉字单位观念史考述》。这年冬天，我赴上海拜访了臧先生，臧先生对我已开始写作的"汉字与民族美意识"100 题给予了肯定、支持与指导。至 2004 年，我完成了 100 题的写作，结集为《穿行在汉字中》，作为复旦附中校本教材"大视野教育书系"的一本于 2008 年出版。在书的后记中我写道：

　　汉字对我们的影响，超过了任何别的力量。为什么？……我们每个以汉语为母语的人，就生活在这样的汉字文化中。我们的言行，我们的生存方式，我们的一切，都注释着汉字；也可以反过来说，汉字在注释着我们的一切……汉字是我们的命根！

　　正是有了对汉字的这种认识与理解，我不仅有意识地将汉字文化融进日常的教学，还开设"汉字单元文化"选修课，于 2000 年完成了对自己来说非常重要的三篇文章——《语文学习的第一要素是生命体验》《中学语文建立"汉字单元文化"概念的探讨》和《全球化时代汉语诗性特征的价值想象》；作为复旦附中人文实验班的学习汇报成果，于 2003 年编辑了《复旦附中学报》专辑《穿行在汉字中》；于 2005 年完成了《"中学语文建立'汉字单元文化'概念"研究报告》并获区级科研成果奖；2015 年完成了"上海市民健康与人文系列读本"之《汉字的故事》。现在回头检视 2000 年以来 10 多年的语文教育实践，我确实是以汉字及其文化的认知、理解与欣赏为核心展开的。

生活言语中的先祖气韵与生活古意

"谁能歌祖诗章？"是我们黄家正月初一聚集祠堂祭祖时齐诵祭文的最后一句。

我第一次参加祭祖是 1979 年正月初一。也是那年春节，第一次参加了玩龙灯、唱菩萨戏。这些第一次也应当都是"文革"结束后的第一次。现在，老家的龙灯和菩萨戏都早已淡下去了，祭祖却还一直保持着。

起初我不明白祭文为什么这样结尾，后来慢慢明白了，它是对先祖黄庭坚的深切缅怀，是对黄氏家族后无来者的无限痛惜，是对黄氏家族中兴的拳拳期盼。

据家谱，我们属黄庭坚长孙黄黔后代，所居地古藤源，自黄黔迁居至此至今已有 800 多年了。也就是说，我们居住的村子可上溯至南宋后期。不知经历了多少天灾与变乱，除了明末重修的祠堂，这里现在已找不到什么历史遗痕，只是从老人讲述的故事和他们的生活言语中还能约略感知到些许先祖气韵与生活古意。

夏天乘凉或冬天烤火，许多人聚在一起时，老人们总会津津乐道黄庭坚"一石二井""知难发愤""涤亲溺器""苏黄讥书""十日诵春秋""举进士修实录"等故事。应当是受到这些故事的影响，后来我爱上了黄庭坚，走访了他当年读书的一些地方，也买了不少相关的图书。随着阅读的加深，我也慢慢感到近几十年的文学史和文化史研究对黄庭坚有很大的偏见。宋明清三代，学习黄庭坚的诗与书是全社会的文化风尚。这里当然有很复杂的因素，但一定是与他诗书的高品质紧密相连的。而今天，能识得黄庭坚的人却极少极少。

2011 年我带学生游学台湾，站在黄庭坚最负盛名的《松风阁》前久久不愿离开，待到再也不能忍受一批又一批无知的台湾或大陆导游与游客的无知评说才悲伤地离去。2013 年，美国大都会博物馆收藏的黄庭坚自己最得意、对现代印象派多有启发的草书巨卷《廉颇蔺相如列传》在上海博物馆展出，我带学生去观瞻发现，除了我的学生，愿意在此作前较多停留的参观者真的很少，这幅草书巨卷显得那样的高冷与孤寂。

倒是家里老人的生活言语更给我一些安慰。如看到我和哥哥到山上去祭拜祖坟时，他们会说："昆弟俩清敬祖茔，慎终追远，善也。"如老人看到哪个小孩特别捣蛋时，他们会感叹："性相近，习相远，莫怪莫怪。"起初我并不明白这些话的全部意思，后来读了点书，知道这些话来自几千年前的《论语》。来自《论语》的话，还有我一字不识的母亲常说的话："前半夜帮自己想，后半夜帮别人想。己所不欲，莫加于人。"母亲这话，《论语》的原句是"己欲立而立人，己欲达而达人""己所不欲，勿施于人"。母亲还有两句常说的话："走路莫急，欲速不济""过桥莫挤，小舟不济"。因此，我在读书时，常常会不期然与村里的日常言语相遇，心中总会生出无限感慨。

但母亲是我至今还想不明白的人。她 3 岁没有了母亲，7 岁做了童养媳，新中国成立后废除了童养媳，她回到自己家，那年 12 岁，17 岁嫁给我父亲，1977 年时已在重病中挣扎了 4 年，那年端午后 4 天扔下我们走了。母亲 38 年人生完全浸泡在苦水中，却没有听到过她一声叹气；她目不识丁，却坚信读书的价值。

我们村有位私塾先生，"文化大革命"中常被拉去批斗。记得有一次是大热天，哥哥负责解押他。母亲悄悄对哥哥说：系得松一点，系活扣。待大队五六个"四类分子"都被反手捆绑着解押到舞台上低头跪着后，母亲悄悄对我说：从舞台后面爬过去，把他的活扣拉掉。那年我 5 岁。这是我能想得起来的第一次清晰的记忆。按一种说法，人生是从第一次记忆开始的，那我的人生就是从这次拉活扣开始的。

就是这次批斗会后不久，大队组织民兵到我们家抄家，抄出了两箱古书。这些书多数都是曾祖父留下来的，曾祖父是前清秀才。大家都知道我们家有古书，就藏在二伯父的床顶上。当民兵打开箱子一本一本将这些书烧掉时，二伯父抢出了一个罗盘，母亲抢出了两册书。这两册书我在 1979 年还读过，已烧掉了一个很大的角，记得其中有晁错的《论贵粟疏》和贾谊的《治安策》。这两册书和那本《四角号码新词典》连同我自己买的一些不太常用的书，1988 年我从江西调到河南工作时，都交给父亲保管，1996 年暑假有人趁父亲不在家时取走了这三本书，也没有留下借条，继母也说不清是谁取走了。这已是我丢的第三批书了。

1974 年 9 月，我还不满 12 岁，到石坳街上读初中，寄宿。去了三天，怎么也不愿去了。此时母亲已病倒，但母亲一定要我读书，想尽各种办法劝我。最后我提出一个条件，除非买一副象棋。母亲当即就在大伯母家借了 1 角钱，让姐姐买回来了一副 7 分钱的象棋。虽然是最小的象棋，但看到母亲的样子，我没有了退路，就又去学校了。现在回过头看一看，我们村子里只有我这一字不识的母亲的三个孩子在那个生活极其艰难的年代，在那个根本不要读书的年代，在湘鄂赣三省交界的那个穷乡僻壤，全读了书：哥哥是村子里第二个高中毕业生，姐姐是村里第一个初中毕业生，我是村里第一个大学生。

我不知道母亲是不是因一字不识受到过什么大的打击或羞辱，反正她敬惜字纸，非常虔诚；敬爱他人，极其真诚。或许是因此，她勉力做自己能做的一切。她从来不许我在祖母未落座动筷子前动筷子，她对我说的每一句假话都很认真地纠正，她总是将家里最好的东西用在招待客人和其他人情世故上。1976 年毛主席逝世时她重病在床，开追悼会那天，父亲、哥哥、姐姐都去了大队部现场，留我在家照顾母亲，母亲流着泪说：你也去开追悼会吧，毛主席没有了啊。后来每当读《论语》读到"贤贤易色，事父母能竭其力，事君能致其身，与朋友交言而有信，虽曰未学，吾必谓之学矣"时，就会涌出泪水。我觉得这句几千年前子夏说的话，就是写给母亲这一类人的碑文。

如果一定要问我为什么对中华古代文明如此依恋，我想说，家族的先祖崇拜，村里老人们的生活与言语方式，家里特别是母亲对（读）书的信仰，一定在我的心灵深处撒下了能发芽生根的种子。

有子司马牛牧之东坡黄山谷

1980 年春节，到三伯父家拜年，做大队支书（现在叫村支书）的堂兄说县里年前配送了一批书，允我先借。我挑了《朝花夕拾》《呐喊》《中国小说史略》《家》《春》《骆驼祥子》《红楼梦》《李白诗选注》《诗词格律》《钢铁是怎样炼成的》《巴黎圣母院》《复活》和《中国历代文学作品选》（前三册）等。那年我 17 岁，此前从没有见到过这么多书，也没有读到过任何一部名著。

这次能借到这么多好书，是托上海知青的福。我老家来过多批上海知青，堂兄所在的村是模范知青点，设有文化站，图书由上面配送。堂兄说这是所有配送图书中最好的一批图书。1979 年上海知青陆续返城，所以这也是文化站接到的最后一批图书。大概是 1980 年底文化站撤销，所有的书又被运走了。据说现在农村又开始建类似的文化站了。如果从 1980 年撤消文化站算起，老家已近 40 年没有类似的文化建设了。写下这句话时，我感觉有一种非常沉重的东西在心中搅动。我借的这些书，《中国历代文学作品选》没能读完，其他我都至少读过一遍。现在想来，真的是非常感谢这一次不寻常的阅读，一直领着我走到今天。

1981 年，几经折腾后我考入九江师专中文系，教我们古代文学和写作的是周萍迅老师。遇到周老师是我们的幸运。周老师是 1948 年随军入川的复旦大学中文系毕业生。周老师的课堂内容丰富、信息量大，对我最有触动的是他随时带入课堂的有关文字、对联和他自己创作的古体诗方面的内容。那次讲骆宾王的《为徐敬业讨武曌檄》，他插入少年才子，随即带进了他的乡贤余心乐先生。他说余先生 6 岁时拜塾师，塾师一见很开心，脱口而出上联"余见余心乐余心乐"。6 岁的余心乐迅即对以"史载史可法史可法"。那次讲到黄山谷的《登快阁》，他就带入"有子司马牛牧之东坡黄山谷"这个没有下联的绝句。开始同学们不能完全明白，周老师说：这全是名人啊。大家一下子明白了：有子、司马牛是孔子的高足，有子还位列孔门十哲；牧之、东坡、黄山谷，都是文学史上的大家。这些名字巧妙地联系在一起，即是说：有个小孩子在东坡上牧牛马。有多少牛马？整个山谷都黄了，就是说漫山遍野。这确实是很难对出下联的。但它一直激励着我们许多同学于此永不疲惫、永不停歇地在汉语这种特有的文学样式中徜徉。且于个人而言，我一直以为，这个没有下联的绝句，其实就是中华几千年古代文明的某种象征：天人合一，人与自然的完美统一；或者说是自然的人化，人化的自然。

其实，九江师专的三年，一大批老师的济世大情至今对我们有着强力牵引的意义。班主任王珂鲁先生、现代文学李彪先生、古代汉语刘琪先生、文学概论申家仁先生、历史方良先生、逻辑学于德礼先生……无不让我们常常在回望中幸福如沐春阳，产生永远的光合作用。

"因为我抗拒黄老师"

斗转星移。1999年，我从河南调入上海，来到浦东香山中学。上海是一个令人向往的现代大都市，这里有着人们想象得到和想象不到的自己可以用心去经营的空间。2000年，我以自荐的方式进入陈文高语文教师培养基地学习；2002年，黄玉峰先生将我领进复旦附中；2006年，我进入于漪语文名师培养基地学习。

复旦附中是一块神奇的土地。这里曾涌现了一批声誉卓著的特级教师，语文组就先后产生了卢元老师、过传忠老师、张大文老师、黄玉峰老师等上海语文界的旗帜性人物。来到这样一个传统深厚、久负盛誉的语文组，我始终是"战战兢兢，如临深渊，如履薄冰"。我真的害怕在这里求学的英才被我给掐没了！因此，我始终在思考：怎样才能最大可能实现作为语文教师的教育意义？怎样才能真正实现教育的本质意义——长善救失？

2005年，于漪老师主持的上海"两纲教育"（民族精神教育纲要和生命教育纲要）课题进入课堂实践阶段。市教委教研室谭轶斌老师推荐我去上一节课，我上了柳宗元的《愚溪诗序》。观课后，于漪老师觉得我可以打磨打磨，第二年就破格录取我到她主持的名师培养基地。在近距离学习于漪老师的十多年中，我收获非常多。尤其是她提出的"培育具有中国心的现代文明人"的教育主张，我以为具有极强的现实意义和深远的历史意义，所以不仅一直奉为自己努力的教育目标，而且只要有可能就尽力宣讲这一教育主张。

什么是"具有中国心的现代文明人"？我认为是一个基座和三个支点：

一个基座是"中国立场";三个支点是"世界眼光""宇宙意识"和"人类情怀"。倘若没有"中国立场"这个基座,作为一个中国人,他的三个支点就都无处可立。而"中国立场"的坚定与稳定,一定根植于几千年中华文化的深处。但现实的情况却是,对中华文化特别是中华文化的深处,我们缺乏认识、理解,以至于忽视、漠视,甚至仇视。

如果说以前隐隐约约感觉到学生缺失优秀传统文化的教育,那么到上海生活几年后,我就更清晰地看到了全社会的这种缺失是多么可怕。如一些教师和学生以朝拜的姿态奔赴海外,去过港澳台,去过日韩美英法德意,但他们可能没有到过中国的中西部,甚至没有到过北京,没有到过其他任何一个省份,更极少有人会以朝圣的虔心去泰山、去孔庙、去黄帝陵、去壶口瀑布。再放眼看现今的中国人,有多少人知道杜甫死在何地,身葬何处?恐怕更极少有人去这位中国文学史上极忧国忧民的诗圣墓前祭拜吧。我有时在语文组开玩笑说:没有到过北京的人不能教语文,不知道杜甫身葬何处的人不能教语文。这句玩笑话的背后,其实是我对教育意义的一种思考与诠释。

一方面,我对优秀传统文化有着极大的热爱,另一方面我所处的教育环境对此又异常隔膜。这无论是对语文学习的当下成效而言,还是对语文教育的终极意义而言,都不能很好地落实。于是,根据"长善救失"的教育原则,我从2002年开始就将含有"儒家的理想人""道家的理想人""墨家的理想人""魏晋觉醒的人"等内容的"中国人"课程与《论语》《古文观止》《诗经》和"李白""杜甫"等引入课堂。2006年我主持学校语文教研组工作后,就将全组教师逐步引向"中国人"概念的理解与落实之中。于是,就有了语文组集体编写的《中国人》(由《穿行在汉字中》第一节"中国'人'"扩展而成)、《中华古诗文阅读》和《中华根文化·中学生读本》等校本教材。这也是复旦附中2014年荣获国家级教学成果奖一等奖的教材部分的基本组成内容。

于是,在我设计的游学课程中,探访、拜谒中华古代文明自然就成了重要的主题,如2014届同学的4次游学分别为:江西"唐宋明文化寻踪"、"中华元文化齐鲁寻根"、"徽文化徽杭古道探访"、陕西内蒙古"追远·拜谒"。

我是新时期中国改革开放的受惠者、见证者,我从来都认为我们必须以开放的胸怀拥抱整个世界,但我也一直认为,失去了来自传统的力量,我们将无法真正继续向前。所以，我在推进课堂教学时总是将"中国人"与"外国人"并置，只因为别人没有将几千年生生不息的"中国人"及其文化精神与"外国人"并置，我的做法也就凸显了我对传统文化教育的重视。

毋庸讳言，在探究、落实中华优秀传统文化教育的进程中，确实也是阻力重重的。学生、家长，甚至教师，都会有一些不能理解，不能接受，甚至拒绝。我曾两次收到过家长的"忠告"信，无数次回答学生的质疑，许多次回答校内外教师的质疑。几年前还有一位其他学科的老教师在我前脚走出教室时后脚走进教室，对班里的学生说：你们可以把《论语》扔掉了！《论语》有什么好学的？！

"我抗拒黄老师"，这是复旦附中2017届的一名学生在2015年寒假作业中反省语文学习时的直陈。在每届学生进入高二第一学期的寒假时，我都会布置一篇反省高中一年半语文学习的文章，给2017届布置的题目是"谈谈语文学习中的'先见'之蔽"。这个学生还用了"论我知识吸收的选择"这个副题。这里不妨摘录这篇文章中的几句："为什么我抗拒语文课的部分内容？因为我抗拒黄老师……我知道他是个脚踏实地的理想主义者，一个正统的儒家学问人，一个传统中国农村社会成长起来的中国人。他爱孔子，他爱鲁迅，中国传统儒家伦理对于他有种不可抗拒的魅力。然而，正是这些特质，令我对他的语文课堂有所抗拒。""我从心底里不认同中国传统儒家伦理……黄老师认为我太西方了，太不像中国人了，而我认为我的价值观恰到好处。相反地，我认为黄老师太东方了，太儒家了，而他认为他的价值观恰到好处。这就不可避免地导致了在语文课上我选择性听所有不太涉及中国传统的内容。"

像这样与我的课堂如此尖锐对立的学生当然是极少见的，但或多或少有他这种想法的还是不少的，我估计在一半以上。窥一斑而知全豹。因此，在回答媒体问及今春全民古诗词热的看法时，我多次表达，这说明我们在这一块有极大的缺失，也表明我们对古诗词的认知与理解的深度缺失。

是什么使我们能在重重阻力中前行？除了我们对优秀传统文化的热爱，更有我们对教育本质的热爱。如果我们看到了受教育者的缺失而不去尽力补救，那我们是有罪的。我很幸福，在复旦附中这块土地上，治校者始终保有对教育本质的清醒认知与热爱。如现任校长吴坚老师，十多年来他从教导主任到副校长到校长，不仅始终强力支持我和语文组有关传统文化教育课程的开发与实施，而且很多时候是深度参与，出主意，出思想。这样，我们作为语文老师的教育意义才可能在应试教育的夹缝中有所实现。

在《穿行在汉字中》的"再版前言"中我写下了这样几句话，想放在这篇文章的结尾，表达我作为一名语文教师的心愿：

在天地之间，在日月之下，在四季之中，行走着几千年生生不息的中国人，他们穿行在汉字中，他们修仁德之美，彰歌舞之美，享吉福之美，抒玄妙之美，绘雅韵之美，铸就着一个从远古走进现代、从现代走向未来的长长的中国梦。

作者系特级教师，复旦大学附属中学语文教研组长，国家级教学成果奖一等奖获得者，国家"万人计划"领军人才

原载于《人民教育》2017 年 07 期

篆刻艺术家骆芃芃：给孩子心田种下"中国人"的种子

邢 星

骆芃芃引我来到她的办公室，门一推开，古色古香扑面而来。原木色的书柜和桌椅，弥漫着的书墨香气，着一袭中式黑衣的骆芃芃置身其间，让我蓦然想起她首个个人篆刻书法艺术展前言中的几句话："我的专业是从事篆刻书法创作，生活中我常常会着中式的服装，后来，我又研习了茶文化。朋友们都说我很'中国'，我自己也感到很骄傲……"

采访很"中国"的骆芃芃，我心里一直暗自追寻着这条更形而上的问题线索：一个无根无极的生命，要经历怎样的矩矱砥砺，才能学以成人，进而树立成一个意蕴丰满的"中国人"？

中国印——"篆刻是我生命的一部分，永远是"

2600多年前，中国文学史上第一位女诗人许穆夫人正经历亡国之痛。她奔走救国，却多遭险阻，望着故乡田野上茂盛的麦子因丧乱无人收割，忧愤生责：求告大国相助，可到底能依靠谁呢？！许穆夫人遂作爱国诗篇《载驰》，后被辑录于《诗经·鄘风》："……我行其野，芃芃其麦。控于大邦，谁因谁极！"

"芃芃，草木茂盛貌。父亲是个文人，我一生下来，他就给我起了这么一个好听的名字，我很喜欢。"骆芃芃的表述方式平实中透着一种说不出的雅致。

"我7岁时父亲带着我刻了第一方印，'芃子'，小时候家里人都这么叫我。诗书画印，是父亲那一代文人修德修为的基本，对于当时的我来说，那不叫'篆刻'，它在小孩子心里就是一个玩具，只是基于父亲的文化修为，使得我童年的玩耍不单单是一种玩耍。"

"不幸的是，我 9 岁时父亲受到'文化大革命'的冲击入狱，一去 13 年。父亲被抓的同时我们还被抄了家，他毕生的财产就是藏书，抄走了整整 3 卡车的书。上世纪 70 年代中期，政策改变，抄走的书先还了回来，虽然还不到原来的三分之一，但是当时我如获至宝。"骆芃芃说，"那个时候我比较痛苦，看不到任何希望。翻阅着父亲收藏的《故宫周刊》和一些印谱，勾起了我对父亲很强烈的儿时记忆，我开始没日没夜地仿刻那些印章，可痴迷了，那是一种寄托着回忆的个人爱好。"

1980 年，荣宝斋招收一名篆刻创作员。前后有 30 多人应试，骆芃芃于其中脱颖而出。

考题是"傲雪"，骆芃芃刻了一上午，只刻出一个"傲"字。考官跟她说："我们知道你的水平了，该吃饭了，你回去吧。"骆芃芃却很坚持："我想把它刻完。"

"下午五点钟，我刻完了第二个字，交了。"骆芃芃进一步说明她当时的想法，那也是她一贯的行事作风，"做事情，不仅仅是'完成'，必须尽自己最大努力做到最好——'做好'才叫做完。"

"考上荣宝斋以后，我就认定了把篆刻当作自己的专业，在这条专业道路上一走几十年。"骆芃芃说，"职业可以更换，但是人一生应该只有一个专业。什么叫专业？它是我们生命的一部分，永远是。"

1984 年，骆芃芃夺得北京市振兴中华书法大赛全国邀请赛篆刻头等奖；1988 年，获文化部优秀青年成果奖；1992 年，被授予"国宝级篆刻家"称号；2006 年，出任中国篆刻艺术院常务副院长，后又升任院长；2008 年，获评"文化部优秀专家"……

骆芃芃这样自我总结：

"回过头来仔细想想，我能够取得这些成绩，第一，有机遇。我出生的家庭可以给我文化的滋养，考入荣宝斋让我走上了专业的道路。

"第二，比较勤奋。我对时间从来抓得特别紧，办公桌上永远放着每天行事计划。浪费时间就是浪费生命，更加不能浪费的是什么？是有意义的生命！

"第三，有好的环境。荣宝斋、中国艺术研究院，我认为这都是做艺术最好的环境。

"第四，我相对有点天赋。喜欢却不擅长，那只能是爱好而已；专业，一定是一个人既喜欢又擅长的。"

"最后，是坚持。人生这么漫长，会经历各种诱惑，如果随波逐流，最后只能一事无成。要有一颗坚定的心，我得益于此。"

骆芃芃突然停下来，垂目静思片刻，继续说道："坚持是个挺痛苦的过程。人生最重要的就是做减法，因为生命有限、时间有限、精力有限。尽管社会事务很多，但是我能不参加的活动就不参加，基本保证每周日刻印，到现在近两万方，这个积累很慢。什么是真正的坚持？它不会因为客观环境改变而动摇你的意志和信念，也不一定是'天天做'，而是'只要有条件就做'，永远不放弃，这才叫坚持。"

"如果说机会是给那些准备好的人，那么成功就是给那些坚持下来的人。"骆芃芃如此诠释"成功"。

中国魂——"传统文化，我心中最深的情结"

2008年9月，中国艺术研究院中国篆刻艺术院联合西泠印社，将"中国篆刻艺术"作为世界"人类非物质文化遗产代表作"向联合国提出申报，骆芃芃就是篆刻申遗项目的主持人。

撰写申报材料、摄制申报片、通联全国各地篆刻团体和艺术家签署篆刻申遗的认同书……"几乎所有最重要的申报工作都集中在2008年9月14日至23日这10天之内完成。"骆芃芃几乎不眠不休，"最后一天做完所有工作后，我开着车在同一条环路上转了四个多小时都没开到家，因为累得找不到回家的路了。"

2009年9月，联合国教科文组织批准将中国篆刻艺术列入《人类非物质文化遗产代表作名录》，申遗成功了！

"篆刻艺术申遗是我这辈子做过的最艰难的工作，但也是最有意义的。它使一个中国古老的艺术，在世界层面上得到更高一级的推广，反过来又促进篆刻艺术在国家层面、在教育内部得到更进一步的保护和传承。"骆芃芃言及之而情至，"在这个中国传统文化传承过程当中，我是不遗余力地在做着努力。艰难也好，势单力薄也好，老子《道德经》讲：'道生一，一生二，二生三,三生万物。'星星之火,可以燎原。"

刻印、办展,骆芃芃无时无处不在善用一物一事,展示和推广着中国传统文化。

"平时我自己常会刻一些儒家、道家警句和古典诗词的印章,就是喜欢。因为中国传统文化博大精深,令人感到自身的渺小,从而激励自己不断地精进。"

骆芃芃简单地讲起一个刻印小例,其中却透着深深的文化韵味。

"前几年我刻'上善若水',是《道德经》里面的文字,'上善若水,水善利万物而不争'。水柔软无形,能够根据你的需要而相适应。我把它放到碗里,它就是碗的形状;放到盆里,它就是盆的形状。水是不是就这么柔弱呢?不是。山洪暴发排山倒海,水是最大的力量。它不是以技取胜、以术取胜,而是以势取胜。所以创作的时候,不宜刻成软的线,不宜曲曲折折以小技解决问题,线条要有一些硬——'势'最重要。"

2008 年 4 月 6 日,骆芃芃策划的"金石永寿——中国第一届寿山石篆刻艺术展"在中华世纪坛开展。主题展厅展示了中国篆刻艺术院 33 位顾问及研究员锲刻的老子《道德经》,100 名全国最优秀的老中青艺术家刻制的孔子《论语》。"儒、释、道,是中国传统文化的思想核心。以如此强大的艺术家阵容来诠释《论语》和《道德经》这样两套国学经典,当时在中国尚属首创。这两套寿山石篆刻,从内容到形式都是集中国传统文化艺术之大成的经典之作。"

北京 2008 年奥运会会徽"中国印""火"了,中国篆刻艺术一下子吸引了全世界的目光。

2008 年 8 月 10 日,作为国家重点奥运外宣工程之一,"金石永寿——中国寿山石篆刻艺术展"在国家大剧院再次揭幕。展览历时 40 天,参观人数创纪录地达到 12 万人次。

在"金石永寿"系列展中,骆芃芃还创新设计了"书斋式开放展厅"。

"我们以中国传统书斋的格局来布置。中式的书柜和多宝格是开放式的,上面放着印泥、印材、历代印章精选书籍和文房四宝等,全都可以自由取阅把玩。放置古琴台和茶席,特定时间段有古琴演奏,茶艺师为大家奉茶。整个展厅充满了浓郁的中华传统文化的气息。观众来到这里,不只是来参观印章，大家可以听琴品茗，感受中国的传统文化。"

谁能说清楚中国传统文化到底是什么呢？

骆芃芃这样讲起：

"记得小时候，我跑进父亲的书房，一股幽幽的清香沁人肺腑，一层层用藏蓝色的布包裹着的线装书，整整齐齐地码在书架上。那香气至今还萦绕在脑海。后来知道了，那就是文章里老提到的'书香'。而这'香'的意蕴，远不在香气本身。所谓'书香'，就是深厚的文化产生出的魅力，同时也是文人对文化表达敬爱之意的尊称。"

"每每在锲刻先贤们警句时，常常会有一种亲切感，似乎先贤与我有着怎么样的血缘关系。我非常庆幸我是一个中国人。因为是中国人，我才能从事篆刻书法专业；因为是中国人，我才会对中国传统文化有着血脉相承的爱。中国传统文化是我心中最深的情结，我为此感谢上苍——让我生长在中国！让我接受着中国传统文化的熏陶和滋养！感谢我是一个中国人！"

中国梦——"无论什么时候，树人最重要"

"一个国家，不能没有人才；一个人，不能没有文化。无论什么时候，树人最重要。教育的根本在于树人，树人最重要的是育心，这是最难的一件事。"骆芃芃如此看重教育。

2006 年 6 月 16 日，中国篆刻艺术院创立，这是篆刻艺术独立学科建设的唯一的国家级单位。2007 年 9 月，在中国艺术研究院的支持下，骆芃芃申请设立了第一个中国篆刻艺术硕士点，她也成为中国首位篆刻艺术学硕士研究生导师。

这些标志性事件，无论对于骆芃芃个人，还是对于中国篆刻艺术而言，都具有划时代的意义。

"篆刻，从我的玩具、爱好、专业，到现在我已经把它作为一种责任。中国篆刻艺术院冠之以'中国'，它就不是某个派别、某种风格或者某位艺术家的篆刻艺术院，我们主持工作就不能凭个人喜好做事情，甚至常常要抑制个人的偏好和欲望，不问艰苦困难，只问能不能把事做好，这就是责任。"

"中国篆刻艺术迄今已有 3700 多年历史，之前从来没有独立学科建设。

没有学科就很难传承和普及，没有传承就很难发展，没有发展就不能久远。古代匠人的可悲就在于手艺失传、失真，我们绝对不能做一个匠人，我们要做一个有文化的艺术家。"

中国篆刻艺术院如何培养"有文化的艺术家"呢？

"真正的大师的艺术，一定是一个人综合能力的表现。所以篆刻专业不能只教刻印，我们的课程设置非常丰富。中国传统文化系列讲座，都是请故宫的专家们给学生讲中国玉文化、中国茶文化、中国古代建筑等；书法课，真、草、隶、篆四种书体都开课；西方美学、东方美学、篆刻美学，这属于哲学的范畴……"

"转益多师。我在荣宝斋的时候，有很多老前辈可以指点你、传授你，现在，这也是中国篆刻艺术院艺术教育的一个特点。"骆芃芃以切身体会诠释着艺术教育，进而诠释教师，"实际上，艺术教育是素质教育。教师，不能把学生放在你自己的井里，而要给他一片蓝天。因为教师的天职，是给国家培养人才。"

抱持这样的教师情怀，骆芃芃对篆刻艺术教育有着更高的期待：

"第一，我当前的展望是设立篆刻艺术学博士点，把这个学科的顶层设计架构完整。这是我的希望，也是需要国家和教育部门支持、多方共同努力的一件事。

"第二，我希望篆刻也能够从中小学开始进课堂。篆刻，是最'见精微'的中国传统文化艺术典范，集金石学、训诂学、文学、设计、书法……于方寸之间。从中小学开始学起，不是让每个孩子将来都成为篆刻家，而是要在他们幼小的心田种下一颗中国传统文化的种子，一颗'中国人'的种子！以'中国'种子育童心，伴随着孩子成长，他将从此与众不同，这就是他作为一个'中国人'的素质！"

"深入开展社会主义核心价值体系教育，积极培育和践行社会主义核心价值观"已被写入《教育部 2014 年工作要点》；近日，教育部印发《完善中华优秀传统文化教育指导纲要》；更早一些，2011 年以来，教育部接连出台《关于中小学开展书法教育的意见》和《中小学书法教育指导纲要》……这一切旨在探索：教育何以培养出名副其实的"中国人"？

以社会熏陶，师承家教？以一缕琴音，一脉茶香？以一名一姓，甚或以一笔一画？骆芃芃说："教育孩子，尚不需要给他森林、大树，给他一颗种子让它发芽就够了。"

原载于《人民教育》2014 年 12 期

朱永新：着眼于"最好"，着手于"可行"

李镇西

我从他动情的面庞看到了教育真情

第一次听说"朱永新"这个名字时，我有点"恐惧"。

1999 年夏，我去张家港讲学。要离开时，高万祥兄告诉我："明天到苏州吧，朱市长想请你讲学。"我问哪个"朱市长"，他说："就是我们苏州市分管教育的朱永新副市长啊！"说实话，我这个人见到"官"便会手足无措。高万祥见我有点犹豫，解释说："朱市长本人也是搞教育的，他现在还是苏州大学教授，主攻教育心理学、教育哲学等。他搞了一个名师名校长培训班，想请你去作场报告。"随即又劝我："你就当成是跟苏州的老师们进行的一次面对面交流吧！"我想，也是，日理万机的"朱市长"哪会到场呢！我便去了。

没想到，报告那天，我刚到会议厅，一位身材魁伟的大汉就迎上前来，不由分说握住我的手："你好！我是朱永新！"握着他的手，看着他老朋友般的笑容，我怎么也不能把他和市长联系到一块。恐惧当然没有了，取而代之的是茫然：居然有这样的市长，一点架子没有？

按我的"经验"判断，朱市长要么在报告前"接见"一下我，然后就"百忙"去了；要么坐在主席台上，陪我作报告。谁知，我又"失算"了：朱市长既没有陪我坐主席台，也没有快闪。报告一开始，他就在最后一排的角落里坐了下来！整整三个小时"爱心与教育"的报告中，我看到角落里，朱市长双眼潮湿。

报告一结束他就走上来再次握住我的手："讲得太好了！我被你和学生的

故事感动了。我正在主持出版一套大型丛书'新世纪教育文库'，我想把你的报告收进去！"

我真的很感动，绝不是因为市长听了我的报告，我就多么"受宠若惊"，而是我从他动情的面庞上，看到了教育真情。

其实，我的所谓"报告"毫无学术性可言，不过是讲讲我与学生之间的故事，平常而琐碎。所体现的教育理念也不时髦、不前卫，无非就是说"教育不能没有爱"，但这些故事所蕴含的感情却很自然、很真诚。在这之前，也有一些我非常敬重的教育专家听过这个报告，但我从他们严峻、稳重的表情中知道，我的这些故事是"浅薄"的，没有上升到"理论层面"，没有站在这个"主义"或那个"主义"的高度"建构体系"。对此我很坦然：本来嘛，我就只是一个普通的中学班主任和语文教师！

但是，他能为一个中学教师和他学生的故事所感动，至少能说明，他赤子之心未泯，他对教育、对"人"的一颗爱心依然素净而本色。这是难能可贵的。

我看到的，不是"教授"，更不是"市长"，而是一位爱教育、爱孩子的人！在这一点上，我感到了我和他在精神上的相通之处。

把美好的教育憧憬变为现实

后来，我考取了朱老师的博士研究生。

常常有人问我："朱永新现在真的给你们上课吗？"我说："那当然！"朋友们往往还不太相信："他当市长那么忙，怎么能保证开足课时？"我说："他有时的确不能按时上课，但他一定会提前通知我们，并利用晚上或周末把课补上。可以说，他从没缺过课！"

别说外人，我们这些学生有时也难以想象，正给我们上课的朱老师，几分钟前可能还在市政府办公室"总揽全局"。

我也曾经认为，学者与官员之间的关系是天然冲突的，犹如思想家和政治家：前者是理想主义者，后者是现实主义者；前者多批判，后者多建设；前者往往以"前卫"自居，后者常常以"保守"著称；前者总考虑什么是"最好的"，后者总考虑如何才是"可行的"。说得再直率些，学者需要一颗纯净的童心，而官员于世俗中难免染污蒙尘。如兼任两角色，很难同时有成。熊掌和鱼果能兼得乎？

刚到苏州大学，我读到了朱老师刚出版的《我的教育理想》。一篇篇文采飞扬的演说词憧憬的是"理想的教育与教育的理想"。同时，他对中国教育过去的回顾、现在的分析和未来的展望又客观、冷静、科学，既着眼于"最好"，更着手于"可行"。这把作者同象牙塔里坐而论道的"学者"区别开来，也同某些缺乏思想而只想把官当官做的"官员"区别开来。

我问朱老师："你是教授，又兼任副市长，两种角色会不会冲突？"

他坦率地说："做市长和做学问不能说一点冲突都没有，至少我自由支配的时间就比过去少多了，但二者在本质上有一个共同的指向，就是'教育'。作为教授，我研究的是教育哲学；作为副市长，我分管教育。做副市长，我可以做我以前想做而做不到的事，把过去的对教育理想的美好憧憬，在我职权范围内把它变成现实。"

"同时，我过去只是一个人在思考研究教育，现在，我可以组织更多的人一起来思考研究、探索。你看，'新世纪教育文库'在全国产生了强烈反响，我邀请李政道、于光远等国内外著名科学家、学者推荐，这是一项浩大工程，如果我不是副市长，是做不到的。副市长是我做教育的有利条件。对我来说，副市长是暂时的，学者和教育理想是永远的。"

以平易朴素的语言表述出深刻的哲理，才是真正的大家

有一次我跟随朱老师出席一个全市教育科研大会。朱老师一句官话都没有，他针对教育科研的发言尖锐犀利——

"现在，有的所谓'教育科研'简直成了'伪科学'！有的'伪科研'是'假教育'，一般还不会对学生造成直接危害。而有的'教育科研'甚至'反教育'！'反教育'的教育科研与教育的初衷背道而驰。举个例子，有些地方通过测评、计算、统计、分析等方式'研究'学生的'智商'，然后将这个'科研'结果反馈给教师甚至家长，它向教育者'科学'地宣布：某某学生智商低。这样的'科研'是典型的'反教育'，不但误导教师，也极大地伤害了学生的自尊心、自信心，戕害一生。教育科研要实事求是，讲究真正

的科学性，让教育科研真正姓'科'。"

朱永新的实事求是不只体现在官风上，还体现在学风上。有一段时间，我正在读某著名专家的著作，该著作晦涩难懂。我苦恼地对他说："朱老师，我读不懂××的书。"

原以为朱老师会给我一些指导，谁知他竟坦然地说："读不懂你就不要读嘛！你完全用不着自责。有些'教育理论'我也读不懂，我看多半是因为作者本人也没有把他的'理论'搞懂。"他拿自己当年的博士论文举例，"我的博士论文10万余字，也十分难读，至今还有2000多本无人问津。这能怪读者水平低吗？我看只能怪我没能深入浅出地表述。你完全没有必要被一些貌似高深的'理论'唬住，更不要迷信它们。以极为平易朴素的语言来表述深刻的哲理，这才是真正的大家！"

他对学生不吝付出，却对学生的付出极为尊重。有一次，他写一篇长文，作为学生我按他的要求搜集整理了一些资料。结果，文章发表后，我看见文章结尾的括号里居然有一行字："本文在写作过程中承蒙李镇西博士帮助搜集整理资料，特致谢意！"我说："朱老师，你怎么这么客气呢？"他说："不是客气。我真是很感谢你！"他居然要把稿费分一部分给我！他说："我从来就是把大家看成是合作的伙伴，没有大家，我也会一事无成。"

做学问首先要学会做人

我们称朱永新为"老师"，在我们学生心中，视他为更亲近些的"朋友"。

师兄陶新华读本科时，就追随朱老师。他与朱老师处的时间最长，也最了解他："我读本科时，朱老师当时不到30岁，是苏州大学最年轻的副教授，和我们很合得来。我们常到他宿舍玩，到他家改善生活。混熟后，到他家很随便的。有一次他不在，我们就把他放在走廊里烧饭的锅和煤炉拿到宿舍改善生活，用完后不知怎么锅破了，可我们当时不知道，用完了就还到他家的厨房——宿舍走廊里去了。朱老师回来做饭时，发现锅莫名其妙地漏了，他知道实情后哈哈一笑了之。"

生活中的朱老师，也处处处于朴素平易中自然流露出真诚。他的豁达大度在学校里是出了名的。他做教务处长时，苏州大学教务处受到教育部表彰，但有人不理解、不支持，甚至还打击他，可他从不与这些人发生冲突，反而与他们成为好朋友。朱老师常常告诫我们："做学问，首先要学会做人，要学会与人相处、与人为善，要豁达大度，要以德报怨，你最终才能有所成就。"

新年前夕，朱老师总会自费为我们搞一次迎新聚会。在这样的场合，"朱市长"就更"有失身份"了！同学们常常通过游戏拿他"寻开心"。一次酒席上，主持人陶新华设计了一个"照镜子"游戏，要求朱老师把在场所有人都当作镜子，他有什么表情我们就做出什么表情，他有什么动作我们就做什么动作，他说什么话我们就说什么话……朱老师真的乖乖地站了起来面对大家，可他不知所措，嘴里情不自禁地小声说："要我做什么呀？"大家立即学他说："要我做什么呀？"他好像猛然被大家的声音吓了一跳，又忍不住说："你们在干什么？"大伙儿又齐声说："你们在干什么？"他又一愣，下意识地用手理了理头发，全场的人也学着他理了一下头发。他好像终于明白了什么，憨态可掬地笑了："嘿嘿嘿嘿……"大伙儿也笑了："嘿嘿嘿嘿……"

看着朱老师那么纯真的笑容，我想到第一次听到"朱市长"时的"恐惧"，不禁笑了：这样的朋友，哪会让人"恐惧"？

作者系四川省成都市武侯实验中学校长

原载于《人民教育》2015 年 07 期

欧阳江河：为"诗"与为"师"

于文舲

建立与生命的联系，可以超越任何门类的界限，直达根源

与欧阳江河老师第一次见面是在学校周边的咖啡馆，他优雅地举杯啜饮，徐徐说着，文学创作就是"命换命"。

"如果你不把真实生命放进去，你就很难深入到文学那个黑暗的深处。"他坚信，文学创作不是要获得亮光，而是要获得更黑的黑暗。"我们经常以为我们是在文学中追逐光亮，其实我们是用文学来获得黑暗，然后让我们自己的生命显得光辉。我们内心自以为是黑暗的东西其实是光亮，我们一定要这样来认识文学、认识诗歌。"建立了文学与生命的联系，让他得以超越任何门类的界限，直达根源。

他喜欢谈论"元诗"中包含的世界观及其写作的格局，将诗歌还原到本质去认识。得知我同时在尝试小说和剧本写作，他说："也很好，争取往深处一点写，同时触及文学本心和存在感。"

作为诗人的学生，我常常"不务正业"。小说家老师揶揄他："你的学生说她主要写小说呢。"他不以为意，反而炫耀着回答："是啊，我的学生什么都能写，诗只是她创作的一小部分。"

他欣赏这种多样性。对于他而言，与所有文学门类一同抵达生命本身的，至少还应包括他狂热地爱着的书法和音乐。尽管他曾旅居美国，现在也不时飞到世界各地参加诗会，是一位国际化程度很高的诗人，但骨子里却非常中国、非常古典。

欧阳老师从小练习书法，也因书法结识了古诗词。他将古汉语视作"古

人留下的一种活生生的、被手煜热过的东西，那是古人留给我们最好的生命的礼物。"他说，"我们不能拒绝这份礼物，否则我们的生命就只从有现代性开始，从有现代汉语开始，这个生命太短了。"

他总是注目着我们种族中最优秀、最伟大的心灵和头脑，企望看到好多个世纪同时活在人们身上。他的书法带有古诗词的气派，古诗词在他笔下也沾染了书法的灵动。在工作中稍得一刻闲暇，来了兴致，他便挥笔而就，全是记忆中的李白、李商隐、黄山谷……大篇大篇地默写下来，几乎没出过错。

欧阳老师爱古典、讲古典，身上自然濡染着古典文化的那份气度。课堂上，他用略带川味的普通话吟诵"谢公文章如虎豹，至今斑斑在儿孙"，渴望追溯那种堂堂皇皇的、庄严崇高的面貌。讲到古典意象中多雾的南山、山中的雾豹以及儿时随父驻扎军营亲眼所见之豹，他双眼圆睁，神采飞扬，声调忽而微弱，一下子又高亢起来，轻重缓急地交错，仿佛诗歌般自然流畅，而他自己也多半陶醉其中了。说到着重强调的地方，他会用指节迅速敲一下桌子，有力而有节。

关于音乐，由于我的浅陋，欧阳老师对我谈及不多。可我至少了解，他是个音乐发烧友，他说："最高级的音响、最好的声音不是多么响，而是多么没有声音，多么微妙，像电灯的钨丝一闪的那个东西，你要把它捕捉住。"这其实也就是文学的精妙所在，他以触类旁通的方式传达给我。

文学的丰厚、书法的气度、音乐的灵敏，竟如此这般奇妙地在他身上浑然一体。

读书的重点不是"读什么"，而是"不读什么"

当老师、带学生，对诗人欧阳江河来说是陌生的。究竟什么样的方式最有效，他也在不断摸索。

欧阳老师的课很有特点。课前，他会仔细询问同学们的学习背景和创作情况，了解学生的整体水平，以此确定他讲解的深度、广度，甚至调整内容本身。

他非常看重同学们的反馈和收获，课间休息时也不断询问：速度是不是太快了？内容会不会显得杂乱？大家听得累不累？理解起来有什么困难？……他不厌其烦地与同学们沟通、磨合，对课堂的有效性进行确认。他说："如果我的讲解让大家感到枯燥或者难以理解，我内心会过意不去。"

欧阳老师学问广博，生活经历丰富，这使他得以在旁征博引和生动的事实例证之间游刃有余。他的课堂往往采用先发散后收束的方式，先头脑风暴激发大家的思考，再通过具体的文本分析，将散乱的思绪梳理清晰，最终落实到文学本体。

课程的前半部分涉及的话题非常广泛，比如西方现代艺术、新闻传媒、历史事件、电子技术，甚至量子力学。尤其是量子力学，他花了整整一节课，恨不得一口气讲完半部物理史，因为在他看来，文学创作是需要融入世界观的，而量子力学作为一门科学，正提供了一种非常独特的认知世界的方式。那里既有亿万个宇宙同时存在于一身，也有类似"薛定谔的猫"那样不死不生有待发现和阐释的状态，在本质上都与文学契合。

有时讲到一半，欧阳老师跳跃性地想到另一个有趣的话题，会突然笑一笑说："好，接下来我还要再讲讲那个，我讲开啦，忍不住啦。"同学们便一起跟随他思维的健步兜兜转转，难免云遮雾罩，但也正是在这云遮雾罩之中，诸多奇妙才渐渐显露真容。

课堂的后半部分相对简明，基本围绕文本展开，处理更加具体的文学问题。分析的对象有翟永明、张枣等比较成熟的诗人诗作，也有学生的作品。他曾以我的两首诗为例，分析其中的现代性内涵，指出："不管创作者是否自觉，只要他真诚地面对和书写当下，他就一定会受到现代要素的影响，从而透露出现代性的种种特质。"

他喜欢以学生的作品为例，是在倡导同辈创作者之间的交流。因为同辈创作者程度相近、问题相近，互相之间容易理解。欧阳老师希望创作方向的同学多读彼此的作品，共同探讨，他认为这样的切磋有时甚至比老师指导更有效。

记得第一次见面时，欧阳老师问我喜欢读什么诗。我勉强罗列出几个算不上高端的名字，然后只好硬着头皮承认，自己写诗是因为迷恋诗歌发现世界、处理词语的方式，大半源于自发，启蒙比较晚，积累也不够多。

欧阳老师并没表现出不满，反而讲了一句让我到现在还不敢说完全参透的话，他说："你的很多东西并不取决于你读什么，而取决于你不读什么。"这当然不代表他默许了我的孤陋寡闻，他自己是一个在"读什么"上下足了功夫的人，才可能反过来意识到"不读什么"的重要性。

后来谈及当下的诗歌，特别是那些用欧阳老师的话来说是当下那些"完成度不高的诗歌"，他也并不反对我们去读。他以他独特的经验告诉我们，那些完成度不高的作品或者更贴近当下的作品，让你迅速发现问题，去思考并寻求超越，这个过程会激发出很多东西。

他对世界抱有极大的兴趣，总把那句"太有意思了"挂在嘴边。这种对待生活的态度，又是与他的诗歌创作紧密相关的。他给学生讲"如何从日常经历中提炼诗意"，讲"故事性如何被挤压出来"，首先是为了解决年轻人写作的现实问题，也许更重要的是，他希冀年轻的创作者们永远保持初心，善于从看似平淡中见新奇。

作者单位系北京师范大学文学院
原载于《人民教育》2015 年 11 期

图书在版编目（CIP）数据

朝向心灵伟大的教师 / 冀晓萍编 . —上海：华东师范大学出版社，2019
（《人民教育》精品文丛）
ISBN 978 - 7 - 5675 - 8729 - 8

Ⅰ . ①朝 ... Ⅱ . ①冀 ... Ⅲ . ①中小学—师资培养—研究 Ⅳ . ① G635.12

中国版本图书馆 CIP 数据核字（2019）第 020647 号

大夏书系 ·《人民教育》精品文丛

朝向心灵伟大的教师

总 主 编 余慧娟
副总主编 赖配根
本册主编 冀晓萍
策划编辑 李永梅　程晓云
审读编辑 张思扬
封面设计 奇文云海 · 设计顾问

出版发行 华东师范大学出版社
社　　址 上海市中山北路 3663 号　邮编　200062
网　　址 www.ecnupress.com.cn
电　　话 021 - 60821666　行政传真　021 - 62572105
客服电话 021 - 62865537
邮购电话 021 - 62869887　地址　上海市中山北路 3663 号华东师范大学校内先锋路口
网　　店 http://hdsdcbs.tmall.com

印 刷 者 北京密兴印刷有限公司
开　　本 700×1000　16 开
插　　页 1
印　　张 14.5
字　　数 229 千字
版　　次 2019 年 6 月第一版
印　　次 2019 年 6 月第一次
印　　数 6 100
书　　号 ISBN 978 - 7 - 5675 - 8729 - 8/G · 11787
定　　价 45.00 元

出 版 人 王 焰

（如发现本版图书有印订质量问题，请寄回本社市场部调换或电话 021-62865537 联系）